Wolfgang Rose-Heine

Der Künstler / Die Komponistin

Andreas Romberg (1767–1821) und Emilie Mayer (1812–1883):
Erzählungen über das Leben zweier Musiker

Wolfgang Rose-Heine

DER KÜNSTLER / DIE KOMPONISTIN

Andreas Romberg (1767–1821) und Emilie Mayer (1812–1883):
Erzählungen über das Leben zweier Musiker

Edition Noëma

Bibliografische Information der Deutschen Nationalbibliothek
Die Deutsche Nationalbibliothek verzeichnet diese Publikation in der Deutschen Nationalbibliografie; detaillierte bibliografische Daten sind im Internet über http://dnb.d-nb.de abrufbar.

Bibliographic information published by the Deutsche Nationalbibliothek
Die Deutsche Nationalbibliothek lists this publication in the Deutsche Nationalbibliografie; detailed bibliographic data are available in the Internet at http://dnb.d-nb.de.

ISBN-13: 978-3-8382-1452-8
Edition Noëma

Printed in the EU

Inhalt

Der Künstler: Andreas Romberg (1767-1821)

Die Komponistin: Emilie Mayer (1812–1883)

Einleitung

Andreas Romberg ist ein Komponist der Klassik, drei Jahre älter als Beethoven und fünf Jahre vor ihm gestorben, Spross einer weit verzweigten Münsteraner Musikerfamilie. Er lebte und komponierte in einer Zeit, in der sich das Virtuosentum entwickelte und Geiger wie Paganini das Publikum beeindruckten. Auch sein Vetter Bernhard war als Virtuose am Cello erfolgreich. Andreas Romberg widmete sich aber mehr der Komposition und versuchte mit seinem „deutschen" Geigenstil ein Gegengewicht gegen die bevorzugte italienische Spielweise zu setzen. Und Andreas Romberg lebte in der Zeit des Umbruchs. Das erstarkende Bürgertum bot den Musikern eine freiere Form, von ihrer Kunst zu leben. Sie waren nicht mehr unbedingt auf Anstellungen bei Hofe oder in Kirchen angewiesen. Allerdings war diese Zeit auch durch politische Unruhen und Kriege gekennzeichnet, was erheblichen Einfluss auf Rombergs Leben, auch als Künstler, haben sollte und auch einen Einfluss darauf gehabt haben dürfte, warum er heute nicht mehr zu den bekannten Klassikern zählt. Seine Lebensgeschichte ist aber höchst bemerkenswert und auch seine Musik sollte wieder mehr beachtet werden.

Die folgenden Ausführungen stützen sich hauptsächlich auf die in Hamburg erschienene Doktorarbeit Kurt Stephensons von 1937 über Romberg für die Albert-Ludwigs-Universität in Freiburg. Auch das Buch von Martin Blindow über „Die Musikerfamilie Romberg" (2010) für das Stadtarchiv Münster war sehr hilfreich, besonders in Bezug auf die zahlreichen Namen und Rufnahmen der vielen Romberg-Kinder.

Gotha, 10.11.1821

„Der Bernhard muss kommen!"

Unruhig wühlte der kranke Mann im dicken Federbett herum. Auf der bleichen Haut seiner Stirn sammelten sich Schweißtröpfchen, aber seine Wangen glühten im Rot des Fiebers. Das schütter werdende dunkle Haar, durch das sich erste Grautöne zogen, lag wirr um die Schläfen. Die Augenlider waren fast geschlossen. Der Atem rasselte leise, wenn er ihn angestrengt in die Lungen saugte. Neben seinem Bett sitzend tauchte eine vielleicht ein Jahrzehnt jüngere, aber etwas verlebt wirkende Frau ein Leinentuch in das Wasser eines auf einem Nachtschränkchen stehenden Beckens, wrang es aus und betupfte damit kühlend die Stirn ihres Mannes.

„Ja, Andreas, der Bernhard ist auf dem Weg. Ich habe die Depesche vor drei Tagen nach Hamburg geschickt. Er muss bald ankommen."

Ein brauner Vorhang verhängte das einzige Fenster des Zimmers, durch den kaum Helligkeit hereindrang. Auf dem Nachtschrank bleckte eine einzelne Kerze und schickte zuckende Schatten in die Nischen hinter dem großen Wäscheschrank. Durch die halb offene Tür fiel weiterer Kerzenschein herein, brachte aber kaum mehr Helligkeit in den Raum. Auf dem Flur vor der Tür saßen aufgereiht auf Stühlen an den Wänden Kinder. Heinrich, schon ein junger Mann mit seinen neunzehn Jahren, der drei Jahre jüngere Ernst August und Cipriano, gerade vierzehn geworden im letzten Oktober, neben ihm trugen gestreifte Westen zu ihren dunklen Bundhosen und den weißen Hemden und saßen zunächst der Tür nebeneinander. Ihnen gegenüber hielt ihre älteste Schwester Amalia, nur ein Jahr jünger als Heinrich, die achtjährige Johanna auf ihrem Schoß, die ihren Blondschopf auf deren linker Schulter abgelegt hatte. Neben ihr hielten auch die elfjährige Theresia und die ein Jahr jüngere Johanna ihre jüngeren Geschwister Emilia und Andreas auf den Knien, die beide erschöpft eingeschlafen waren. Amalia war in ein dunkelrotes, langärmeliges Kleid aus dickem Stoff mit einer weißen Spitzenbordüre um Ausschnitt und Ärmelenden gewandet, die Schwestern trugen einfache, hellblaue Hängekleidchen, denen man ansah, dass die jüngeren die Kleidung der älteren auftragen mussten. Der kleine dreijährige Andreas hatte einen einteiligen schlichten Schlafanzug und dicke, etwas zu große Wollsocken an. Er würde sicher bald in sein Kinderbettchen zu der erst drei Monate alten Charlotte, die in ihrer Wiege schlief, gelegt werden.

„Es ist so düster", flüsterte der Kranke, „ist denn schon Geisterstunde?"

„Die Turmuhr hat gerade erst vier geschlagen", beruhigte ihn die Frau. „Es war den ganzen Tag wolkenverhangen und es wird schon so früh dunkel im November. Aber schlafe ruhig, schlafe dich gesund. Wir brauchen dich noch, mein Liebster."

„Der Bernhard muss kommen, er wird kommen. Ohne den Bernhard kann ich nicht gehen. Der Bernhard darf nicht wieder fort."

Unruhig zuckend und Unverständliches in sich hinein murmelnd fiel er in einen oberflächlichen Schlaf.

Hamburg, Herbst 1799

„Wann geht die Kutsche?"

„Morgen früh um acht Uhr. Ich muss auch noch ein paar Dinge zusammenpacken. Diesmal ist es ja wirklich für länger. Willst du nicht doch mitkommen?"

„Weißt du, irgendwie bin ich mit diesem Paris nie recht warm geworden. Und wir waren noch so jung damals. Fünfzehn Jahre ist das nun schon her. Wir galten als junge Talente für die Zukunft. Aber über eine zweite Saison sind wir nicht hinaus gekommen. Da lieb ich mir doch mein Hamburg."

„Ach, Andreas, hier sind wir doch auch gerade an einem Wendepunkt. Unser Vertrag mit dem Theater ist ausgelaufen und wir müssen erst einmal sehen, wie es hier weitergehen kann. Seit der alte Schröder die Faxen dicke hatte und hingeschmissen hat, sieht die Zukunft nicht gerade rosiger aus."

„Diese dickköpfigen Hanseaten sehen einfach nicht ein, dass ihre Zunftmusiker eine Entwicklung nur behindern. Wenn diese alten Fiedler und Tuter mitspielen müssen, will ich durch sie meine Kompositionen nicht verhunzen lassen. Ich kann Schröder schon verstehen, er hat es lange genug versucht, dagegen anzugehen."

„Aber das ist doch gerade ein Grund dafür, die Zelte hier abzubrechen und es in Paris zu versuchen. Bessere Musiker hat es dort allemal."

„Ich bin einfach noch nicht soweit. Erinnerst du dich an Madame Danican-Philidor?"

„Aber klar. Ich will sie aufsuchen. Mal sehen, ob sie sich noch an mich erinnert. Und vielleicht kann sie auch immer noch ein paar Türen für mich aufstoßen."

„Also die gute Anne hat mir damals gesagt, wir könnten bekannt wie Gluck oder unser lieber Haydn werden, aber wir sollten uns nicht von der Mode hinreißen lassen, nur die eigene Wahrheit dringt in die Herzen. Ich will einfach mal eine Zeit ganz für mich haben. Ich will komponieren und meine eigene Wahrheit dabei suchen. Und die finde ich in Paris nicht."

„Nun gut, dann soll es wohl so sein. Zweiunddreißig Jahre gehen wir nun schon gemeinsam durchs Leben. Und nun trennen wir uns zum ersten Mal. Es zerreißt mich schon ein wenig, mein Lieber."

„Du hast Recht und ich spüre das genauso. Aber du bist ja nicht aus der Welt. Nur unsere Wege gehen hier auseinander und das macht mich eben auch traurig. Aber vielleicht ist es auch gut. Wir sind erwachsene Männer und keine kleinen Jungen mehr. Lass uns schauen, wie sich unsere Zukunft entwickelt."

Andreas und Bernhard Romberg saßen in ihrem großen Zimmer in ihrer Hamburger Wohnung , Andreas auf einem Stuhl am Sekretär, ein paar halb beschriebene Notenblätter vor sich, und Bernhard auf dem Bett, neben ihm sein offenstehender, mit Kleidungsstücken gefüllter, großer Reisekoffer. Eine Zeitlang schwiegen sie und hingen ihren Gedanken nach.

„Lass uns von etwas weniger Traurigem reden. Was wird aus dir und Katharina?"

„Na, nach dem Auftritt vor zwei Wochen kann eigentlich nichts mehr schiefgehen. Du wirst sehen, übers Jahr komme ich und hole sie als meine Frau zu mir. Und was ist mit dir und Magda?"

„Alles gut. Nachdem es erst mal raus war, ist klar, dass wir uns einig werden. Ich lieb sie wirklich. Sie ist vielleicht keine Schönheit, aber sie ist stark und verlässlich. Ich denke, das wird eine gute Ehe. Aber wir werden natürlich auch eine Verlobungszeit einhalten. Wir wollen den alten Nicolaus nicht noch mehr verschrecken."

„Mein Gott, Vater Kramcke, hat der dumm aus der Wäsche geschaut, als ihm die Brüder Romberg gleich zwei Schwestern aus seiner Kinderschar weggeschnappt haben. Ich finde es toll. Und wenn wir uns jetzt auch trennen, die Familienbande wird nichts lösen können, du wirst sehen."

Kurz vor acht standen Bernhard und Andreas links und rechts neben dem großen Reisekoffer. Es war recht frisch für den 1. Oktober, aber es würde ein sonniger Herbsttag werden, so wie es aussah. Als die Postkutsche vorgefahren und die Koffer aller Reisenden auf dem Dach der Kutsche verstaut waren, umarmten sich die beiden Vettern und hatten Mühe wieder voneinander zu lassen. Dann stieg Bernhard ein.

„Du wirst sehen, ich hole dich noch nach Paris. Wir sehen uns im nächsten Jahr", rief er sich aus dem Fenster lehnend, als die Kutsche anfuhr.

„Adieu, mein Bruder", rief ihm Andreas nach. Dann hüllte er sich fröstelnd in seinen Mantel und machte sich auf den Rückweg zu seiner Arbeit. Er summte dabei eine Melodie vor sich hin, die er sich als Thema für sein neues Violinkonzert ausgedacht hatte.

Vechta, 27.4.1767

Ein wütendes Krähen drang vom Schlafzimmer in die Wohnküche, wo ziemlich angespannt Gerhard Heinrich Romberg auf einem Küchenstuhl saß und jetzt aufsprang. Ein paar Minuten musste er noch hin und her laufen in dem nicht sehr großen Raum, bis ihn die Hebamme in das Schlafzimmer zu seiner Frau hereinholte. Maria Elisabeth lag erschöpft, aber lächelnd in den Federkissen und hielt das Neugeborene im Arm.

„Das ist unser Sohn", sagte sie. „Es hat doch etwas länger gedauert, so dass es kein Sonntagskind geworden ist."

Gerhard streichelte erst seiner Frau über die schweißnassen Haare und tätschelte dann die Wange seines ersten Kindes.

„Die Sonne kommt gerade hervor", sagte er. „Er ist wunderschön. Er kommt nach seiner Mutter. Ist der Name für dich gut so?"

„Aber ja, das haben wir doch besprochen. Ein Junge soll nach seinem Patenonkel benannt werden und das wird dein Bruder Andreas Jakob. Ich mag den Namen Andreas wirklich. Willst du ihn mal halten, deinen Andreas?"

Vorsichtig nahm Gerhard das in Tücher gewickelte Kind in seine großen Hände und dann, das Köpfchen stützend, an seine Brust.

„Na, mein kleiner Andreas, was hältst du von der Welt? Wir werden sehen, was sie für dich bereit hat."

„Wenn Marias Kind auch ein Sohn wird, soll er nach dem Vater, Bernhard, genannt werden. Ich finde es ja auch nicht schlecht, dass sich Namen in der Familie wiederholen, aber wir sollten etwas erfinderischer sein, falls wir noch mehr Kinder bekommen", plapperte Maria Elisabeth, der es offenbar schnell besser ging nach der Entbindung.

„Na, du bist mir ja eine, das erste Kind gerade auf die Welt gebracht, da willst du schon mehr", sagte Gerhard lachend und das Kind auf den Armen schaukelnd. „Aber ich verspreche es dir, sollten weitere Namen gebraucht werden, darfst du sie ganz alleine aussuchen."

Er übergab das Kind der Hebamme, die es waschen und einkleiden wollte und setzte sich dann auf die Bettkante zu seiner Frau.

„Wenn wir denn jetzt eine größer werdende Familie gründen, müssen wir schauen, wie es weitergehen soll. Mein Dienst als Soldat ist zunächst wohl nicht gefährlich, solange die da oben sich nicht gleich wieder bekriegen wollen nach dem letzten Krieg, der sieben Jahre zu lang war. Außerdem werde ich inzwischen fast ausschließlich in der Kapelle eingesetzt. Der Major Kapellmeister mag meine Klarinette und setzt mich auch gerne mal mit der Geige ein, wenn es angebracht ist. Aber ein Leben lang will ich nicht bei der Truppe bleiben, ich hoffe, dass es bald reicht, dass wir ganz von der Musik leben können. Außerdem habe ich läuten hören, dass die Zitadelle hier in Vechta aufgegeben werden soll und die Abteilung dann nach Münster übergeht. Wenn das so kommt, will ich es da als Musiker versuchen. Münster hat ein gutes Musikleben."

„Ach, du mein musikalischer Träumer. Ich habe keine Angst, dass dir das nicht gelingen wird. Aber nun lass uns mal erst Andreas Jakob taufen und dann sehen, was die andere Maria Elisabeth in Dinklage zustande bringt. Wenn es ein Junge wird, können die beiden Kinder schön miteinander aufwachsen. Vielleicht geht Bernhard Anton ja sogar mit nach Münster."

„Ja, das wäre schön. Er ist doch mein Lieblingsbruder. Und sein Fagott passt gut zu meiner Klarinette und zu meiner Geige kann er Cello spielen und irgendwann sind die Kinder groß genug, um mitzuspielen. Die Zukunft sieht rosig aus und klingt sehr musikalisch."

Gerhard nahm seine Frau vorsichtig in den Arm und küsste sie sanft auf die Lippen.

Amsterdam, 1775

Es waren drei braune und ein schwarzes Pferd, die die Postkutsche zogen. Der letzte Halt vor Münster, das sie am Nachmittag erreichen sollten, wurde für ein Mittagessen und die Erleichterung der Blasen genutzt. Andreas streichelte den Rappen, der vorne rechts im Gespann die Deichsel zog.

„Du musst jetzt einsteigen, es geht weiter, Andreas."

Sein Vater hatte ihn gerufen. Es war schön zu reisen. Man sah andere Landschaften, andere Städte, lernte neue Menschen kennen. Aber die Stunden in der schaukelnden, ruckelnden Kutsche zogen sich schier unendlich hin. Nun gut, das letzte Stück würde er auch noch schaffen. Er stieg zu seinem Vater in die Kutsche, wo Bernhard und Onkel Bernhard Anton es sich schon so gemütlich wie möglich gemacht hatten. Dann fuhr das Gespann an.

„Bald sind wir wieder zuhause und der Alltag hat uns wieder", begann Gerhard Heinrich. „Ich muss sagen, die Reise hat mir viel Freude gemacht. Nicht nur, dass ich Amsterdam sehr mag und dass ich mich gefreut habe Madam Syrmen wiederzusehen, sondern vor allem das Auftreten von euch Jungen war wirklich überzeugend. Da hat sich doch das viele Üben und Unterrichten gelohnt."

„Na, dann können wir damit ja jetzt ein wenig kürzer treten", fiel ihm Bernhard etwas vorlaut ins Wort und erntete prompt einen scharfen Blick seines Vaters.

„Im Gegenteil. Euer Auftritt hat gezeigt, dass euer Talent es wert ist, weiter daran zu feilen und es ganz auszubilden. Und damit ist nicht nur die Technik und das Notenstudium gemeint, sondern vor allem auch die Musiktheorie, das Komponieren, damit ihr mal richtige Musiker werdet."

„Aber das will ich doch", sprach diesmal Andreas dazwischen. „Aber ihr habt mir ja die Streichquartettnoten vom Haydn weggenommen, als ich sie studieren wollte."

„Das ist ja auch noch viel zu hoch und zu früh für dich. Und außerdem solltest du nicht zu viel auf andere gucken, sondern deinen eigenen Stil finden, jedenfalls irgendwann einmal", ging Gerhard auf seinen Sohn ein. „Jedenfalls habt ihr ja schon ganz gut was drauf und wir vier sind ein gutes Quartett als Grundlage für ein zukünftiges Romberg-Orchester, wenn die Geschwister älter werden und nach und nach dazu kommen."

„Das wird wohl noch eine Weile dauern", übernahm jetzt Bernhard Anton. „Dein Antonius Josephus und mein Anton sind gerade vier und die kleine Angelika, mein Engelchen, liegt noch in der Wiege. Aber du hast Recht, wenn wir die Kleinen auch so gut erziehen und lehren wie unsere Großen hier, dann kann das was werden. Ich bin immer noch ganz überwältigt, wie Andreas das Saitenproblem gelöst hat. Das zeigt, dass er schon einiges von deiner Musiktheorie kapiert hat."

„Das hätte ich auch gekonnt", fiel jetzt wieder Bernhard ein. „Aber bei meinem Cello passiert sowas ja nicht, die Saiten sind zu dick."

„Mach es mal nicht kleiner als es war", bestätigte Gerhard seinen Bruder. „Als die hohe Saite riss mitten im dritten Satz von Madam Syrmens Violinsonate geistesgegenwärtig die Melodie in der unteren Oktave weiterzuführen, das war schon gekonnt, mein tapferer kleiner Geiger."

„Ich fand, das klang sogar besser. Vielleicht hätte sie es gleich so komponieren sollen", war Andreas' altkluger Kommentar zu der Szene, die Madam Syrmen und ihr Publikum erstaunt und ihm hohes Lob eingetragen hatte.

„Werd mal nicht übermütig", mahnte ihn sein Vater. „Ich würde mich sehr freuen, wenn es in der Schule genauso gut liefe wie an der Geige. Setz dich mal herüber, dann kann ich mich besser mit Onkel Bernhard unterhalten."

Gerhard und Andreas tauschten die Plätze, so dass nun die Brüder und die Vettern nebeneinander saßen.

„Ich glaube wirklich, wir haben alles richtig gemacht, als wir damals gemeinsam nach Münster gegangen sind und dass wir uns ganz auf die Musik verlegt haben. Und dass gleichzeitig der Freiherr von Fürstenberg Generalvikar geworden ist, war auch unser Glück. Du wirst sehen, die Jahre, in denen wir uns mit Schülern und einzelnen Konzerten durchschlagen mussten, sind bald vorbei. Ich glaube der Freiherr kann gar nicht an uns vorbei, wir haben doch schon einen Namen in der Stadt. Du wirst sehen, im nächsten Jahr spielen wir beide in der Domkapelle und damit sind wir abgesichert."

„Da teile ich deinen Optimismus, Bruder", stimmte ihm Bernhard Anton zu. „Und außerdem ist das neue Theater jetzt fertiggestellt und auch dort wird man Musik und Musiker brauchen. Und die Jungs werden auch bald soweit sein, dass sie hier als Musiker Geld verdienen können."

„Und dass wir katholisch sind, stört auch nicht bei einem so katholischen und kunstsinnigen Dienstherren wie dem von Fürstenberg. Die Zukunft sieht immer noch rosig aus. Das können wir unseren Marias daheim erzählen."

„Ich sehe die Türme von Münster schon!", rief Andreas. „Endlich sind wir wieder zuhause."

Sein zufriedener Tonfall ließ alle gemeinsam fröhlich lachen.

Münster, 1790

„Hast du es aufgeschrieben, Andreas?", kam die Frage von Bernhard, der schon dabei war seinen Koffer zu packen. „Ich meine die Berichte über die letzten Jahre hier in Münster für den Neefe."

„Ich weiß, was du meinst und ich habe es fertig", bestätigte Andreas. „Ich hab '82 angefangen mit unserem Eintritt in die Hofkapelle. Das war ja auch die Zeit, in der wir Neefe zum ersten Mal trafen, als er mit Großmann und seiner Truppe im Theater gespielt hat und wir gleich mittun durften. Ich denke, die Theatermusikerfahrung kommt uns bei Großmann wieder zugute. Er leitet doch immer noch die Bonner Hofschauspiele?"

„Ja, das tut er. Ich freu mich schon auf den alten Schlawiner", bestätigte Bernhard und lachte.

„Das ist wirklich ein lustiger Kerl, aber er achtet auch auf Qualität."

„Sonst hätte er ja nicht uns genommen." Wieder lachte der Vetter und legte dabei weiter seine Hemden zusammen.

„Dann habe ich natürlich erwähnt, dass nicht nur Neefe, sondern der Kurfürst selber uns fördern wollte und nebenbei an unser Konzert zur Eröffnung des Neuen Theaters in Frankfurt erinnert, wo wir seiner Durchlaucht erneut begegnen durften."

„Junge, Junge, du hast den höfischen Ton schon ganz gut drauf", frotzelte Bernhard. „Hast du die Parisreisen genannt?"

„Was denkst du denn?", Andreas schüttelte den Kopf. „Ich habe auch den Zwischenstopp in Amsterdam nicht vergessen, wo wir „alte Freunde" besuchten, weltläufig wie wir Burschen nun mal sind."

„Übertreib bloß nicht, mein alter Freund", bemerkte Bernhard.

„Und dann gibt es eine lange Liste von neuen Freunden in Paris", fuhr Andreas fort. „Den Adel natürlich zuerst, Baron von Bagge, dann die Industrie, Le Gros und schließlich unsere besondere Freundin, die Grand Dame der Pariser Salons, Madam Danican-Philidor. Ich habe von Haydns „Pariser Sinfonien" geschrieben und den Opern Glucks und dass wir in der nächsten Saison, 1785, wieder dort waren, um die Konzerte von Le Gros zu bestreiten."

„Und natürlich hast du unerwähnt gelassen, dass danach Schluss war mit Paris, wie abgeschnitten." Man merkte Bernhard an, dass er auch fünf Jahre später immer noch ärgerlich war und nicht verstand, warum sie nicht schon damals in Paris eine Chance erhalten hatten.

„Aber ich habe ein bisschen eingefügt, dass wir auch komponieren, du für das Cello und ich für die Geige, aber auch im Bereich Messe, Sinfonie und Oper", verkündete Andreas und etwas Stolz war in seinem Ton zu spüren.

„Na, bis dein „Blaues Ungeheuer" mal auf der Bühne tobt, musst du wohl noch einige Zeit Geduld haben", krittelte Bernhard, dem schon bewusst war, dass sein Vetter beim Komponieren mutiger und ausgreifender war als er, der sich auf virtuose, wirkungsvolle Stücke für sein Instrument beschränkte. „Da wird eher noch dein „Rabe" die Flügel schwingen."

„Wir werden sehen. Ich wollte Neefe nur deutlich machen, dass er mit uns nicht irgendwelche Orchesterfiedler bekommt, sondern erwachsene und gut ausgebildete Komplettmusiker", erklärte Andreas.

„Ist ja gut und du hast damit natürlich vollkommen Recht", lenkte Bernhard jetzt ein. „Der Bericht scheint mir sehr gelungen. Aber jetzt komm und hilf mir mit den Koffern. Morgen früh bringt uns die Postkutsche nach Bonn und ich bin sicher, das wird eine großartige Zeit. Der Beethoven soll da mitspielen an der Bratsche als Neefes Schüler und mit Haydn ist der wohl auch befreundet, vielleicht lernen wir ihn auch kennen und dann zeigen wir denen da mal, wer die „jüngeren Brüder" Romberg sind, was mein Alter?"

„Das werden wir, mein „Bruder". Ich freu mich auch ungeheuer", ließ sich Andreas endlich von der übermütigen Stimmung seines Vetters anstecken, warf ihm ein Hemd über den Kopf und knuffte ihm gegen die Schulter.

Gotha, 10.11.1821

Es hatte an der Tür geklopft und Anna Magdalena war hinunter geeilt um zu öffnen.

„Ist es Bernhard?", fragte Andreas hoffnungsvoll, als sie ins Krankenzimmer zurückkehrte.

„Bleib ruhig, mein Lieber. Es war nur ein Bote vom Herzog", beruhigte Magda ihren Mann. „Man hat gehört, dass es dir nicht gut geht und lässt fragen, wie man behilflich sein kann und beste Genesungswünsche ausrichten."

„Ja, ja, Hilfe, jetzt, wo es zu spät ist", regte sich Andreas auf und bekam prompt einen Hustenanfall. Er richtete sich auf in den Kissen, dann wetterte er weiter.

„Warum bin ich denn jetzt in dem Zustand? Er hat mir doch keine Aufstockung des Gehalts gewährt, obwohl ich ihm genau vorgerechnet hab, dass ich davon die vielen Mäuler nicht stopfen kann. Deswegen muss ich seit Jahren diese Konzertreisen machen. Ja, die hat er mir gewährt, damit ich mich daran zugrunde richten kann. Nie hätte ich wieder in höfische Dienste treten dürfen. Aber dieser verdammte Kaiser hat mich dazu gezwungen. Beim ersten Mal hat er mich aus den Hofdiensten befreit und dann zwingt er mich wieder hinein. Ich bin frei. Die Kunst ist frei. Knechtsdienste knebeln meine Musik."

Er sank erschöpft zurück in die Kissen.

„Komm zu dir, Mann!" Anna Magdalena flehte mit von Tränen verhauchter Stimme und ergriff Andreas' Hand. „Es gab damals einfach keinen anderen Ausweg. Und Spohr hat es doch gut gemeint mit uns. Und auch der Herzog war großzügig mit dem Gehalt und dem Übergangsgeld und der Übernahme der Patenschaft für unseren armen Junius Julius Augustus damals. Und wir wollen doch keins unserer Kinder missen, auch wenn sie das Leben nicht günstiger machen. Du warst immer für uns da. Und dafür liebe ich dich."

„Du hast ja Recht." Andreas' Stimme war wieder ruhig und schwach. „Louis hat damals nur 730 Taler im Jahr gehabt und ich 1000. Aber Louis hat auch nur drei Töchter mit seiner Dorette und die Jüngste ist erst drei. Wir kamen mit sieben hier an und drei sind in Gotha noch dazu gekommen. Hundert oder zweihundert Taler mehr hätten ihn, den Herzog Emil Leopold August, schon nicht am Hungertuche nagen lassen. In Bonn damals, beim Kurfürsten Maximilian Franz, da sind wir Burschen noch mit ein paar hundert Talern ausgekommen und lebten nicht schlecht davon. Aber im Hofdienst waren wir eben auch, bis uns der große Kaiser vertrieben hat."

„Der Bernhard wird bald kommen, dann könnt ihr in alten Erinnerungen schwelgen. Aber bis dahin ruh dich aus. Ich werde dir eine feine Brühe kochen, die soll dich stärken."

Magda legte Andreas' Hand zurück auf die Bettdecke, ging leise hinaus und schloss die Tür des Zimmers hinters sich. Sie gab den Kindern im Flur Anweisungen. Amalia sollte ihr in der Küche helfen, die anderen sollten die Kleinen zu Bett bringen.

„Ach, Bonn", hörte sie noch Andreas' leise Stimme durch die Tür. Dann ging sie hinunter.

Bonn, Dezember 1790

Sie standen zusammen in der Probenpause, die jungen Talente der Bonner Hofkapelle. Sie hatten sich in der Nähe des runden, weißen Kachelofens versammelt, der den Übungssaal heizen sollte, was ihm nicht wirklich gelang, denn es war kurz vor Weihnachten und draußen grieselte schon ein dünner, vom Wind getriebener Schnee. Die Streicher, Andreas und Bernhard Romberg, Anton Reicha und Ferdinand Ries wärmten ihre Finger nahe am Ofen, der Hornist Nikolaus Simrock lehnte mit dem Rücken an den Kacheln. Er hatte sich eine Tasse vom dünnen Tee geholt und wärmte damit jetzt seine Lippen. Christian Gottlob Neefe saß am Flügel, der vor dem Stuhlrund des Orchesters stand und übte ein paar Passagen aus dem Bachschen Weihnachtsoratorium nach, an dem sie für den Heilig-Abend-Gottesdienst gerade probten. Als die Tür aufging, sah er sich um und sprang dann mit ausgebreiteten Armen auf, um den Gast zu begrüßen, der hereingekommen war.

„Das ist der Haydn", flüsterte Ludwig den anderen zu. „Ich hab ihn gesehen damals in Wien, als ich beim Mozart lernen sollte. Aber ich bin ihm nicht vorgestellt worden. Es ist ja nicht mal zu ordentlichem Unterricht bei Mozart gekommen, weil der so in seine Arbeit an den Opern vertieft war. Und dann lag meine Mutter im Sterben und ich musste zurück nach Hause. Aber er ist es, ich bin ganz sicher, ich hab ihn bei Mozart im Haus gesehen. Die beiden sind beste Freunde."

Die anderen hatten interessiert Beethovens Bericht gelauscht und dabei hinüber gesehen zu dem, aus ihrer Sicht, älteren, leicht ergrauten, aber sehr vornehmen Herrn, der angeregt mit Neefe geplaudert hatte und mit ihm jetzt herüber kam zu ihnen.

„Das sind die hoffnungsvollen Talente in meinem bescheidenen Orchester", begann Neefe und stellte die jungen Musiker der Reihe nach vor. Josef Haydn begrüßte sie und hörte aufmerksam zu, was sein Freund Neefe über sie zu berichten hatte.

„So, da haben wir gleich zwei Brüder, die so begabt sind, dass sie hier spielen dürfen", wandte er sich an die beiden Rombergs.

„Eigentlich sind wir nur Vettern, Herr Haydn", klärte Bernhard Haydn auf, „aber da unsere Väter die „älteren Brüder" Romberg genannt werden, hat es sich tatsächlich eingebürgert, uns die „jüngeren Brüder" zu nennen."

„Der Andreas hier ist nicht nur ein ordentlicher Geiger, er komponiert auch ganz manierlich", ergänzte Neefe.

„So, so, na was schreibt Ihr denn so?", wollte Haydn wissen.

„Ich hab gerade ein neues Streichquartett fertiggestellt, Herr Haydn", berichtete Andreas.

„Was ist, Neefe, wolln wir da mal in einen Satz reinhören? Habt ihr die Noten dabei, Herr Romberg?"

Und so wurde die Pause etwas verlängert durch den Vortrag des ersten Satzes von Andreas' Streichquartett. Er selbst spielte die erste Geige, Haydn übernahm die zweite, Beethoven die Bratsche und Bernhard natürlich das Cello. Nach dem Vortrag gab es geflissentlichen Applaus der lauschenden Orchestermitglieder.

„Macht nur weiter so", beglückwünschte Haydn Andreas. „Das nimmt sicher eine gute Entwicklung, junger Freund."

„Zu gütig, Herr Haydn", bedankte sich Andreas artig.

„Ich bin jetzt auf dem Weg nach London", erzählte Haydn locker. „Mein alter Fürst Esterhazy lebt nicht mehr, mit dem jungen wollte ich nicht mehr und in London haben sie große Bürgersäle für den Musikbetrieb und großes Interesse an neuer Musik. Die sind in Manchem schon etwas weiter als wir hier „auf dem Kontinent", wie sie sagen. Mein Mozart wollte einfach nicht mit, dabei hätte ihm das sicher gut getan. Wenn ich zurückkomme, werde ich wieder in Bonn Station machen, das verspreche ich euch."

Neefe begleitete seinen Freund nach draußen und im Saal begann ein allgemeines Getuschel und Gemurmel über den überraschenden Besuch.

„Da hast du aber einen Stein ins Brett gehauen, mein Bruder", frotzelte Bernhard. „Aber dein Quartett gefällt mir auch wirklich gut."

„Wer weiß, ob wir ihn noch mal brauchen", sagte Andreas mit vollem Ernst.

Bad Mergentheim, Herbst 1791

„Hey, so lass ich mir das Leben als Hofdiener gefallen", jauchzte Bernhard. Er breitete die Arme aus und stellte sich in den milden Oktoberwind, der über die Schiffsplanken des Seglers strich, der sie auf dem Rhein wieder nach Bonn zurück brachte. Fast zwei Monate waren sie bei bestem Spätsommerwetter unterwegs gewesen. Der Kurfürst hatte in seiner Funktion als Großmeister einer Tagung des Deutschen Ordens in Bad Mergentheim vorstehen und beiwohnen müssen und hatte gleich sein ganzes Orchester mitgenommen, zur eigenen Unterhaltung, aber auch, um mit seinen hervorragenden Musikern ein wenig zu prahlen. Er hatte allen neue Orchesteruniformen schneidern lassen, so dass das Ensemble nicht nur musikalisch, sondern auch vom prächtigen Anblick her glänzen konnte.

Neben dem für seine Tafelmusiken berühmten Bläseroktett hatte auch Andreas einen bleibenden Eindruck hinterlassen. Der Kaplan Junker schrieb in einem Bericht von seinem „reinsten Glaston", mit dem er „musikalische Malerei" betriebe, aber auch davon, dass er sich dabei „ungeziert, unmanieriert und unaffektiert" bewegt habe, wie es sonst so manche Künstler an sich hätten. Der Kurfürst jedenfalls platzte fast vor Stolz auf seine Musiker.
„Komm, setz' dich zu mir, Bernhard", rief Andreas den Vetter. „Du hast ja Recht, das waren schöne Wochen. Aber um uns herum sah es nicht so rosig aus. Der französische Ludwig hat versucht zu seinem Schwiegervater nach Wien zu fliehen und die Revolutionäre haben ihn wieder eingefangen. Jetzt scheint der österreichische Kaiser wirklich Ernst machen zu wollen und ein Krieg steht ins Haus und zwar nahe der Grenze bei uns."

„Ich weiß auch nicht recht, wie ich denken soll", ergänzte Bernhard und ließ sich neben Andreas auf die Bank fallen. „Einen Krieg will niemand in seiner Nähe. Andererseits hege ich auch heimliche Bewunderung für die Franzosen, die es tatsächlich geschafft haben, die Übermacht des Adels abzuschaffen."

„Behalte das besser für dich und lass es vor allem nicht den Kurfürst hören", sagte Andreas und senkte die Stimme dabei. „Sonst ist es mit deinem so gelobten Hofdienst schnell vorbei und du musst dir in Frankreich eine Arbeit suchen."

„Ist ja gut, so schlimm wird es nicht gleich kommen", lenkte Bernhard ein. „Trotzdem wird es interessant werden, wie der Kurfürst auf die Ereignisse reagiert. Ach, es ist auch ganz schön, wieder nachhause zu kommen."

Die beiden jungen Herren saßen schweigend auf ihrer Bank und hingen ihren Gedanken nach. Das Ufer des Rheins zog an ihnen entlang mit seinen Feldern und Wäldern, die in herbstlichen Farben leuchteten. Die Sonne näherte sich dem Horizont und alles changierte in rötliche Flammentöne.

Münster, Dezember 1792

„Wer hätte das gedacht, als du vor ein paar Wochen vom „Nachhausekommen" geträumt hast, Bernhard, dass wir so bald wirklich hier zuhause in Münster sein würden?", freute sich Andreas.

Die unsicheren Verhältnisse hatten den Kurfürsten Maximilian Franz veranlasst, seinen Hof zwischenzeitlich nach Münster zu verlegen und so hatten die „jüngeren Brüder" Romberg Gelegenheit ausführlich ihre Eltern und Geschwister wieder zu sehen. Und sie hatten die Zeit natürlich auch zu gemeinsamen Konzerten genutzt. Eben kamen sie von einer Soiree beim Kurfürsten selbst, die nur Familienmitglieder gestaltet hatten. Nun saßen sie in der alten Stammkneipe, noch ganz erfüllt von dem Ereignis.

„Bier, Herr Wirt, einen großen Krug und frisch gebraut, versteht sich. Musik macht durstig und gute Musik macht sehr viel Durst."

„Aber schreib er's auf meine Tafel. Ich hab doch noch eine Tafel bei Euch?"

„Sehr wohl, Herr Romberg. Schön, Sie wieder einmal hier bei mir zu sehen. Es ist doch sicher schon ein Jahr her, seit Sie nach Bonn sind."

„An Euer Bier erinner' ich mich aber noch gut. Also eilt Euch. Der Vater hat Durst."

„Und nicht nur der, Neffe. Obwohl es so frisch ist draußen, habe ich doch geschwitzt wie ein Schwein. Musizieren können wir ja alle. Aber nur wir sechs Rombergs allein eine ganze Soiree beim Kurfürsten, das fordert doch unsere ganze Kunst."

„Und schön haben sie's gemacht. Besonders die Kleinen. Der Balthasar wird noch mal so gut wie du auf dem Cello, Bernhard. Wenn ihr noch ein paar Wochen bleibt, solltest du seinen Unterricht unterstützen, ja?"

„Gerne, Onkel Gerhard. Spielt der Balthasar eigentlich schon mit in der Kapelle?"

„Nein, noch nicht. Dem alten Martelli war er noch zu jung. Aber Martelli hat ja nun die Leitung aufgegeben und wir werden sehen."

„Warts nur ab, Bruder. Sie kommen letztlich gar nicht an dir vorbei mit der Leitung. Und dann sind wir bald vier Rombergs in der Kapelle."

„Engel singt also schon hier und da mit bei Konzerten?"

„Ja, Andreas. Angelika hat wirklich eine Engelsstimme. Damit hat sie auch heute den Kurfürsten fast zu Tränen gerührt. Habt ihrs bemerkt? Du könntest ja mal was für sie schreiben."

„Gerne. Sie sieht aber auch zu niedlich aus dabei. So haben Ohr und Auge etwas davon."

„Na, Andreas, du hast wohl schon mal ein Auge für die Mädchen. Wie ist es denn mit euch? Ihr seid Mitte zwanzig. In eurem Alter waren wir schon längst Väter, was Bernhard?"

„Nun lass die Jungen mal, Gerhard. Die Zeiten sind viel zu unruhig für Zukunftspläne. Schließlich sind sie ja hier nur bei uns, weil dem Kurfürsten der Franzose in Bonn zu nahe ist."

„Darauf dass ihr hier seid, wollen wir jetzt aber erst mal die Gläser erheben. Danke, Herr Wirt. Auf die Rombergs und auf die Musik. Prosit."

„Wir sind noch so jung, Vater, und wir wollen noch etwas sehen von der Welt, bevor wir in einen Ehehafen einlaufen, nicht Andreas?"

„So gut wie jetzt ging es uns noch nie. Vom Konzert in Pyrmont haben wir euch ja schon berichtet. Und auch heute war es wieder grandios. Unser Duett war famos und auch das neue Quartett hat überzeugt. Damit müssen wir erst noch etwas weiter kommen, bevor uns Kinder über den Schoß hüpfen."

„Und ob der Franzos sich jetzt breit macht oder ob er vom Kaiser von Österreich einen vor den Kopf kriegt, für die Musik ist das egal. Musiker werden in beiden Ländern gebraucht und von allen Herrschern bewundert. Und wir spielen ihnen auf."

„Ach, lasst uns nicht politisieren. Lasst uns Freude haben, dass ihr eine Zeitlang wieder zu Hause sein könnt und wir als Familie Musik machen dürfen."

„Da stimme ich mit ein, Bruder. Also – auf die Musik und auf die Rombergs."

„Und auf das gute Bier in Münster. Herr Wirt – noch einen Krug!"

Münster, Ostern 1793

„Das war's wohl jetzt", seufzte Bernhard. „Und nun? Wo sollen wir denn hin?"

Bernhard und Andreas saßen bei Andreas' Eltern in der guten Stube und berichteten über ihr letztes Jahr in Bonn.

Zu Ostern 1792 war der kurfürstliche Hof samt Hofkapelle wieder zurückgekehrt. Zu Mozarts Sterbetag Anfang Dezember hatten sie einige gelungene Vorstellungen der „Zauberflöte" zustande gebracht. Und im Folgejahr zu Ostern war sogar Andreas' Oratorium „Der Messias" nach der Dichtung von Kloppstock mit einigem Applaus zur Aufführung gekommen. Andreas hatte sein Werk dabei vom Violinpult her selbst dirigiert.

Aber die politische Entwicklung wurde immer beunruhigender. Im September schlugen die jungen revolutionären Truppen Frankreichs die österreichische Armee bei Valmy zurück. Damit war ein Anfang gemacht für den verheerenden Feldzug Frankreichs durch Europa.

Für Andreas und Bernhard bedeutete das, dass sie ohne Anstellung dastanden. Nur ein Jahr später, im September 1793 löste sich der Bonner Hof auf und die Vettern bekamen „auf einige Zeit" Urlaub vom Kurfürsten. Doch jetzt, nur zwei Wochen später, existierte das Kurfürstentum Köln nicht mehr und die jungen Musiker waren ohne Anstellung und zunächst nach Münster zurückgekehrt.

„Weißt du, Bernhard, vielleicht sollten wir die Situation auch als Möglichkeit für etwas Neues erkennen", meinte Andreas. „Jetzt sind wir aus dem Hofdienst ausgeschieden, ohne dass wir um eine Entlassung hätten bitten müssen. Die Zeit ist reif für freie Künstler. Schau dir Mozart an oder, wenn das als Beispiel vielleicht nicht ganz so gut ist, unsern guten alten Haydn. Was hat der geschwärmt von London, als er voriges Jahr zurück kam und wieder in Bonn Halt machte. Die vielen bürgerlichen Konzerthallen, die gut bezahlten Auftragskompositionen und, ja, auch der Ruhm, der ihm zuteilwurde."

„Das ist leicht erzählt, wenn man Haydn heißt. Und der arme Mozart war wirklich ärmer als eine Kirchenmaus, als er viel zu jung gehen musste. Solche Namen haben wir noch nicht", zweifelte Bernhard am Enthusiasmus seines Vetters. „Und ich kann jedenfalls kein Wort Englisch. Wie sollten wir in London zurechtkommen?"

„In Paris sind wir doch auch klar gekommen", gab Andreas zu bedenken. „Es muss ja auch nicht unbedingt London sein. Wie wäre es mit Hamburg? Die Stadt ist weltoffen als Hansestadt, sie ist rein bürgerlich regiert und die Bürger dort haben Geld und geben das auch für die Kunst aus."

„Und Hamburg ist nicht so weit weg von Münster", fügte Gerhard Heinrich hinzu, „und ihr könnt uns dann auch öfter besuchen."

„Hamburg? Warum nicht Hamburg?", Bernhard rieb sich das Kinn. „Ach was, auf zu neuen Ufern! Die Idee ist gut. Ich mache mit."

„Also abgemacht, wir gehen nach Hamburg", besiegelte Andreas den Beschluss durch einen Handschlag mit seinem Vetter.

Und mit diesem neuen Ziel vor Augen änderte sich die Stimmung im Hause Romberg zum Guten.

Hamburg, Februar 1795

Und Hamburg stellte sich als gute Wahl heraus. Der Handel, insbesondere der Seehandel auch mit dem frisch gegründeten Staat in der Neuen Welt, florierte. Und wo Geld ist, hat auch die Kultur nicht zu leiden. Rombergs waren nicht die einzigen Künstler, die sich in Hamburg dem wachsenden Einfluss der Franzosen entziehen wollten.

In der Kirchenmusik war der Verlust des Stadtkantors Carl Philipp Emanuel Bach fünf Jahre nach seinem Tod noch nicht wieder voll ausgeglichen, aber Andreas und Bernhard nahmen schnell Kontakt zu seinem Nachfolger Christian Friedrich Gottlieb

Schwencke, der übrigens gleichalt mit ihnen war, auf und wurden mit offenen Armen empfangen. Dabei spielte ihre katholische Konfession keine Rolle.

In der Hamburger Theater- und Konzertszene war einer der führenden Impresarios der Zeit in Deutschland tätig, Friedrich Ludwig Schröder. Nach einer ersten aktiven Dekade zwischen 1771 und 1780 hatte er sich 1785 noch einmal überreden lassen in Hamburg tätig zu werden. Schröder waren die Rombergs natürlich nicht unbekannt. Er wusste genau, welche Perlen ihm da in die Stadt geschwemmt worden waren und Andreas und Bernhard bekamen umgehend feste Anstellungen am Deutschen Theater.

Und in der Tat bekamen die „jüngeren Rombergbrüder" in den folgenden Monaten gut zu tun. Kaum ein Konzert, kaum ein Oratorium, bei dem sie nicht mitwirkten. Und häufig standen eigene Kompositionen von Andreas Romberg auf den Programmzetteln. Die Zahl der Violinkonzerte war inzwischen auf acht angewachsen, dazu kamen zwei Doppelkonzerte für Violine und Cello. Berichte lobten Andreas als einen der führenden Geigenvirtuosen seiner Zeit. Es bestätigte sich, was Haydn prophezeit hatte, dass ein Musiker in der sich entwickelnden bürgerlichen Gesellschaft als freier Künstler leben konnte - jedenfalls, wenn er gut war. Und das waren beide Rombergs und sie machten sich jetzt wirklich einen Namen in ihrer neuen Heimatstadt Hamburg. Sie konnten im Laufe der Zeit sogar einige Ersparnisse zurücklegen, obwohl sie ihr neues Leben in einer so lebendigen Stadt wie Hamburg durchaus auch genossen und keine Gesellen von Traurigkeit waren.

„Sag mal, Andreas", begann Bernhard an einem trüben Tag im Februar, an dem Hamburger Schmuddelwetter sie in ihrer gemeinsamen Wohnung hielt, „was hältst du davon, wenn wir im Sommer die Koffer packen und auf Reisen gehen?"

„Wo willst du denn hin?", wollte Andreas wissen, der sich auf den Decken seines Bettes rekelte.

„Ich möchte mal so richtig in die Sonne", antwortete Bernhard, „besonders wenn ich in diesen grauen Nieselregen da draußen schaue. Wir werden in diesem Jahr achtundzwanzig und haben noch nicht wirklich etwas von der Welt gesehen. Und im

Augenblick haben wir auch genügend Geld im Sparstrumpf, um uns eine Reise leisten zu können. Also was ist, Italien? Was meinst du?“

„Du und deine Ideen!“, seufzte Andreas und setzte sich auf die Bettkante. „Aber eigentlich ist diese mal gar nicht so schlecht. Wir haben die letzten beiden Jahre wirklich geschuftet. Das hat auch was gebracht, nicht zuletzt, dass man uns nun hier kennt in der Stadt. Aber eine Pause, zumal verbunden mit einer Bildungsreise, täte mir auch gut, glaube ich.“

„Und unterwegs können wir ja auch immer wieder Konzerte geben und hinzuverdienen und uns über Hamburg hinaus bekannt machen“, meinte Bernhard und schien dabei im Geiste schon die fremden Landschaften und Konzertsäle vor sich zu sehen.

„Nun gut, dann wollen wir mal die nächsten Monate nutzen, um die Reise vorzubereiten“, sagte Andreas, „und hier in der Stadt müssen wir die Freunde informieren, Schröder und Schwencke, dass sie mal einige Monate ohne uns zurechtkommen müssen.“

„Mit Schröder habe ich neulich beim Wein zusammengesessen“, berichtete Bernhard. „Der wird im Sommer sowieso hinschmeißen. Er hat die Nase voll von diesen Zwängen durch die Bürgerschaft. Du weißt ja selbst, dass er immer ein Drittel der bei der Bürgerschaft angestellten Musiker bei den Konzerten einsetzen und ihnen einen festen Lohn zahlen muss und dass sie das einfach nicht wert sind, die alten Säcke. Die Bürgerschaft will partout nicht nachgeben und Schröder will nicht mehr diese aufgezwungene Qualitätsminderung seiner Aufführungen. Also unsere Verträge mit ihm sind im Sommer beendet. Dann soll die Bürgerschaft ruhig mal sehen, wie es ihnen ohne uns ergeht.“

„Dann werfen wir unsere Perlen versuchsweise anderen Säuen vor und warten ab, ob sie geschätzt werden“, lachte Andreas. „Ich finde die Vorstellung von einer ausführlichen Konzertreise immer angenehmer. Also, auf in die Sonne, Bella Italia ruft uns!“

Rom, Februar 1796

Nach einer Station in München waren die jungen Musiker eine Zeitlang in Norditalien unterwegs. Etwas mühsam gestaltete sich die Organisation von Konzerten, dabei nahmen sie auch durchaus Gelegenheiten in kleineren Orten nicht aus. Das Musikleben Italiens hatte lange nicht mehr den einstigen Glanz. Herausragende Komponisten waren an Höfe in anderen Ländern abgewandert wie Salieri nach Wien und die einheimischen Orchester waren meist in beklagenswertem Zustand. Aber die Italiener waren stolz und verschlossen die Augen vor dieser Entwicklung. Und da kamen zwei Deutsche daher und wollten ihnen ihren neuen Stil vorführen. Bernhard und Andreas waren schon etwas mutlos, als ihnen auf dem Weg von Trient nach Venedig in Bassano ein Mann begegnete, der ihrer Reise neuen Schwung bereiten sollte. Der Prinz Rezzonico war Senator in Rom. Ihm hatte das Spiel der beiden jungen Männer ausgesprochen gut gefallen und er lud sie zu sich nach Rom ein.

Auf dem Weg dorthin legten die Rombergs einige Wochen Pause in Foligno ein. Das Wetter war sehr kühl geworden und es regnete unablässig, so dass die Kutscher sich nur ungern auf die aufgeweichten Wege wagten.

Zum Komponieren war Andreas während der Reise nicht gekommen, deshalb nutzte er die Zeit, die er zwischen einigen Konzerten in der Bischofstadt hatte, um an ein paar neuen Sachen zu schreiben. Außer einigen Liedern nach italienischen Texten, bei denen er auch an seine Nichte Angelika dachte, entstand ein neues Violinkonzert in A-Dur.

Schließlich Ende Februar in Rom angekommen, erhielten die Rombergs durch die Vermittlung Rezzonicos tatsächlich die Gelegenheit an illustrer Stelle mit ihrem Können ein illustres Publikum zu begeistern. Auf dem Kapitol in Anwesenheit des Prinzen August von England brillierten die beiden Virtuosen mit ihrem neuen „deutschen Stil". Dem Prinzen hatte die Musik so gut gefallen, dass er den Vettern ein Empfehlungsschreiben für den königlichen Hof in Neapel ausschrieb. Damit war ein neues Reiseziel vorgegeben, das zudem nicht nur durch den hoheitlichen Geleitbrief Erfolg versprach, sondern auch dadurch, dass die Königin von Neapel, Caroline Marie, sowohl eine Tochter Maria Theresias von Österreich als auch eine Schwester des Kurfürsten Maximilian Franz von Köln war. Einerseits könnte sie schon von den Rombergs gehört haben über Briefe ihres Bruders, andererseits konnte man sich von ihr auch wieder ein Empfehlungsschreiben für Wien erhoffen, das ja ein Zielpunkt auf der Rückreise werden sollte.

Von Rom aus also ging die Reise unverzüglich nach Neapel, wo sie Mitte März ankamen.

„Gut gespielt, mein Alter“, lobte Bernhard seinen Vetter, als sie beide aufgewühlt, aber auch müde vom Konzert am Königshof von Neapel in ihr Quartier zurückgekehrt waren und sich auf die Betten warfen.

„Ich weiß nicht, war das nun eine besondere Ehre, dass wir der Königin die Hand küssen mussten oder ist das ein auslaufendes Zeremoniell, wenn man bedenkt, dass die hohen Herrschaften vielleicht bald selber vor den französischen Truppen in die Knie gehen werden?“, fragte sich Andreas laut.

„Wir sollten zusehen, dass wir selber da wegkommen, wo dieser wilde General Napoleon sein Unwesen treibt“, meinte Bernhard, „sonst versperrt er uns noch den Weg nach Wien.“

„Wir brechen bald auf und gehen noch einmal nach Rom, bevor wir uns nach Wien aufmachen“, bestätigte Andreas. „In Italien ist wirklich nicht mehr viel los, wenn diese Herren Paisiellos und Piccinni schon die Creme der Komponistengarde sein sollen.“

„Und dieser eitle Gockel Lolli erst“, ergänzte Bernhard. „Das soll der berühmteste und beste Geigenvirtuose des Landes sein. Na, dem hast du's aber schön gezeigt.“

„Nun, er ist immerhin doppelt so alt wie wir“, beschwichtigte Andreas halbherzig. „So alt müssen wir erst noch werden und dann macht uns womöglich auch die Gicht zu schaffen.“

„Aber besser als er warst du auf jeden Fall“, bekräftigte Bernhard noch einmal.

„Das Wetter scheint stabil besser zu werden, da können wir uns in Richtung Norden wagen“, wechselte Andreas das Thema. „Ich freue mich schon auf das Gesicht von Haydn, wenn diesmal wir ihn aufsuchen. Wer weiß, was Wien uns zu bieten hat.“

„Ludwig ist ja nun schon fünf Jahre dort und scheint ordentlich Furore zu machen", wusste Bernhard. „Mal sehen, ob der Herr van Beethoven uns noch kennen will."

„Er war schon immer etwas mürrisch", sagte Andreas, „aber warum sollte er uns nicht auch freundlich begrüßen?"

„Na, der Prinz Rezzonico wird uns sicher freundlich empfangen in Rom. Und dann sehen wir weiter. Jetzt aber eine gute Nacht, mein Lieblingsgeiger. Schlaf gut", beschloss Bernhard das Gespräch und löschte die Kerze.

„Träum was Schönes, mein Lieblingscellist", hörte man noch von Andreas, dann aber bald nur noch den regelmäßigen Atem der Schlafenden.

Wien, 1796

Nicht nur der Empfang in Rom war freundlich gewesen, es hatte sich sogar noch eine weitere Reisebegleitung ergeben. Die Rombergs trafen nämlich Carl Kügelen in der Stadt. Der rheinische Maler war ihnen aus Bonn bekannt, er war mit Lenz von Breuning befreundet und wollte eben diesen in Wien aufsuchen. Also fuhr er kurzerhand mit der Kutsche, die Andreas und Bernhard gemietet hatten, mit. Das verbilligte den Reisepreis und versprach zudem abwechslungsreiche Unterhaltung während der Fahrt.

Bis die Reisegesellschaft in Wien ankam, war es inzwischen Sommer geworden. Der Prinz Rezzonico ließ sie nur ungern aus Rom wieder ziehen und die Fahrt über die Alpenpässe dauerte ihre Zeit. Dafür bekamen die Musiker ungewöhnlich schöne, sonnenbeschienene Landschaftseindrücke einer Bergwelt, die sie als Bewohner der norddeutschen Tiefebene nicht kannten und auch bei der ersten Alpenquerung noch nicht so wahrgenommen hatten. Immer wieder legten sie ein paar Tage Pause ein, um die Schönheit des Landes zu genießen und die in der Kutsche durchgerüttelten Knochen sich wieder erholen zu lassen.

Dann endlich Wien, eine prunkvolle Stadt mit herrlichen Gebäuden und großen Alleen, in der es ein überreiches Kultur- und Musikleben gab. Und es gab den inzwischen 64jährigen Josef Haydn, der durchaus informiert war über den Werdegang und auch den Erfolg der jüngeren Musiker. Mit offenen Armen empfing er sie.

„Da sinds ja, die jüngeren Brüder, wie schön euch einmal wiederzusehen", begrüßte Haydn Andreas und Bernhard, als sie bei ihm ankamen.

„Herr Haydn, die Freude ist ganz auf unserer Seite", bemerkte Andreas.

„Wie haben wir uns auf dieses Wiedersehen erst gefreut", fügte Bernhard hinzu.

„Na, dann kommts rasch hinein", sagte Haydn und ging voraus in das Wohnzimmer seines Hauses, „ich lasse erst einmal einen Café bringen und dann müsst ihr mir alles erzählen. Es sind wohl schon wieder vier Jahre, seit wir uns in Bonn sahen. Und ihr kommt aus Italien? Nun, da setzt euch nieder und lasst euch nicht alles aus der Nase ziehen."

Bernhard und Andreas ließen sich auf zwei opulenten Sesseln nieder, die um ein kleines Beistelltischchen standen, auf dem ein Diener nun wunderbar duftenden Café in kleine Porzellantassen goss und einen Teller mit kleinen Zuckerkuchen platzierte. Das Haus und seine Inneneinrichtung gaben den Rombergs einen Eindruck vom Stand und Einkommen ihres Gastgebers.

Dann aber begannen sie abwechselnd zu erzählen, von der Auflösung der Bonner Hofkapelle und ihrem gelungenen Neustart in Hamburg, von ihrem Entschluss und dem bisherigen Verlauf ihrer Reise durch Italien, auch von ihrer Begegnung mit Kügelgen, den sie zwischenzeitlich bei Familie von Breuning abgesetzt hatten. Haydn hörte aufmerksam zu.

„So, und nun seid ihr hier und wollt ein wenig unser Musikleben in Wien bereichern?", fragte er schließlich.

„Das könnte unserer Reputation und vielleicht auch unserer Reisekasse guttun", meinte Bernhard.

„Wir wären Euch natürlich unendlich dankbar, wenn Ihr uns behilflich sein könntet. Ihr kennt doch die Leute hier und die kennen vor allem auch Euch. Wir würden gerne zeigen, wie wir uns inzwischen entwickelt haben", ergänzte Andreas.

„Na, das werde ich mir nicht nehmen lassen. Ihr könnt euch auf mich verlassen. Habt Ihr denn auch neue Sachen komponiert?"

„Dafür ist eher der Andreas zuständig", gab Bernhard zu.

„Aber es gibt tatsächlich einige neue Konzerte und Quartette", erzählte Andreas, "und wenn ich ein wenig Zeit habe, schreibe ich auch gerne etwas ganz Neues hier in Wien."

„Also gut, nun wollen wir erst einmal sehen, wo wir euch unterbringen und dann will ich gerne ein paar Briefe schreiben. Es gibt trotz der etwas angespannten Lage noch genügend neugierige und betuchte Herrschaften, bei denen ihr euch hören lassen solltet."

Haydn klingelte nach seinem Diener und gab ihm ein paar Anweisungen.

„Mein treuer Franz hier wird euch jetzt zu einer ordentlichen Herberge ganz in der Nähe bringen. Dann ruht euch erst aus nach der anstrengenden Kutscherei und morgen früh zum Frühstück sehen wir uns wieder bei mir und können dann Pläne schmieden."

Bernhard und Andreas verabschiedeten sich herzlich von dem väterlichen Freund, während Franz eine Droschke herbeirief und ihr Gepäck verstaute. Dann machten sie sich auf den Weg zur Herberge einige Straßen weiter.

Wien, 1797

Einige Monate hielten sich die Rombergs nun schon in Wien auf und inzwischen sprach man über sie in den musikalisch interessierten Kreisen. Sie hatten in etlichen Salons adeliger Herrschaften, aber auch bei wohlhabenden Bürgern mit Erfolg gespielt und Haydn wurde nicht müde, sie weiterhin zu empfehlen.

Haydn stellte sich in der Tat als der Freund heraus, der die beiden Jüngeren nach Kräften unterstützte und ihnen auch wirklich zugetan war. So wurde der Wienaufenthalt zu einem versöhnlichen Abschluss ihrer Reise.

Zudem hatte Josef Haydn seinen ganz eigenen Humor, wie er sich schon einmal gezeigt hatte, als er nach einem nicht enden wollenden Sommeraufenthalt seines Fürsten Esterhazy eine Sinfonie schrieb, in deren letztem Satz ein Musiker nach dem anderen sein Pult räumt, bis zwei einsame Geiger ihn beendeten. Der Fürst hatte diesen augenzwinkernden Hinweis verstanden und man hatte Abschied von der Sommerfrische genommen und war wieder heim zu den Familien gefahren.

So legte Haydn zu Beginn eines Konzertabends in einem der musikliebenden Häuser die Noten für ein neues Streichquartett selber auf den Pulten aus. Dann setzten sich Andreas, Haydn selbst, ein befreundeter Bratschist und Bernhard an die Instrumente, das erlauchte Publikum nahm ebenfalls Platz. Die Musik begann und zog mit ihrem Wohlklang alle Anwesenden in ihren Bann. Als sie endete, erhoben sich die Musiker und verbeugten sich artig zum großzügigen Applaus. Anschließend kam ein kleiner Tross rund um die Gastgeberin auf Haydn zu.

„Herr Haydn, vielen Dank“, begann die Hausherrin, „das war wirklich zu schön. Und wenn ich richtig verstanden habe, ist das Quartett neu und sie haben es für diesen Abend extra mitgebracht?“

„Sehr wohl, Madame“, antwortete Haydn augenzwinkernd. „Das Quartett ist neu, aber es ist nicht von mir.“ Er ließ seine Worte ein paar Sekunden wirken, dann fuhr er fort. „Es ist nämlich von diesem jungen Mann hier, den ich euch auch gleich dazu mitgebracht habe, vom Andreas Romberg.“

Nun war das Erstaunen groß, aller Aufmerksamkeit richtete sich auf Andreas, der höflich zurückhaltend, aber auch stolz jetzt die Glückwünsche der ihn Umstehenden entgegen nahm. Anschließend gab es natürlich Wünsche, weitere Stücke von Andreas und auch von beiden Rombergs gemeinsam zu hören und der Abend wurde zu einem triumphalen Erfolg der beiden.

Haydn war sehr zufrieden, über die Wirkung seines gelungenen Scherzes, über die Qualität von Andreas' Streichquartett und darüber, dass er es geschafft hatte, die „Romberg Brüder“ zum musikalischen Gesprächsthema in der Stadt gemacht zu haben.

Auf diese Weise wurde es möglich, dass Andreas und Bernhard nun in eigener Regie eine Akademie veranstalten konnten, zu der sie bekannte Musiker der Stadt einluden und das auch tatsächlich ein größeres Publikum heranlockte. Auch Ludwig van Beethoven war gekommen und hatte das Konzertprogramm mit einer seiner Sonaten am Klavier gefüllt. Bernhard und Andreas hatten ihn zuvor persönlich aufgesucht und eingeladen. Und obwohl er bei diesem Besuch etwas distanziert wirkte, hatte er doch zugesagt. Nach der Akademie, die nebenbei auch ein finanzieller Erfolg gewesen war und die Reisekasse gut ergänzt hatte, trafen die Musiker noch zusammen und versicherten sich gegenseitig ihrer guten Arbeit und der Qualität der schönen Kompositionen. Nur Beethoven war erkennbar zurückhaltend.

„Danke, Ludwig, dass du dabei warst. Deine Grande Sonate war aufregend und sehr zu Herzen gehend."

Andreas war auf den etwas abseits stehenden Beethoven zugegangen.

„Ist schon gut. Heute waren ja fast alle da, da konnte ich schlecht fehlen", wiegelte Beethoven ab. „Aber während ich in den letzten Jahren versucht habe Neues zu entwickeln und mich abzunabeln, hängst du wohl immer noch fest in Haydns Korsett, was, Andreas? Die Leute verwechseln deine Quartette ja sogar mit seinen, habe ich mir sagen lassen."

„Ich hatte beinahe schon vergessen, was für ein unsensibler Stinkstiefel du sein kannst", gab Andreas nicht eingeschüchtert, aber doch ein wenig überrascht über die unhöfliche Art des ehemaligen Orchesterfreundes zurück.

„Haydns Zeit neigt sich dem Ende zu und meine Zeit wird kommen", bestärkte Beethoven seine Kritik, „und du musst dir deine Zeit noch hart erarbeiten, mein Bester, warts ab."

„Du musst es ja wissen, du großer Künstler", wurde jetzt auch Andreas lauter. „Du lebst doch auch nur vom Unterrichten höherer Töchter und träumst vielleicht davon, mal eine davon zu bekommen. Aber das wird nicht geschehen, glaubs mir."

Damit hatte Andreas einen wunden Punkt bei Ludwig getroffen, denn die am Abend gespielte Es-Dur-Sonate war wirklich Beethovens Schülerin Babette von Keglevics gewidmet und wurde hinter vorgehaltener Hand auch „Liebessonate“ genannt und Andreas war inzwischen mit dem Tratsch der Stadt gut vertraut.

„Du ungehobelter Mensch, du bist doch selbst noch Junggeselle“, Ludwig schnauzte jetzt so laut, dass andere in der Gesellschaft darauf aufmerksam wurden. Lenz von Breuning, der im Konzert anwesend war und gerade im Gespräch mit Bernhard, eilte zu den beiden Hitzköpfen hinüber. Vielleicht wären sie sich sonst wirklich noch an die Wäsche gegangen.

„He, ihr zwei, ihr wollt doch nicht diesen so gelungenen Abend verderben“, beruhigte er die Streithähne und stellte sich zwischen sie.

„Du hast Recht, Lenz“, lenkte Andreas schnell ein. „Ludwig, wenn ich zu weit gegangen bin, tut mir das leid.“ Er reichte Beethoven die Hand.

„Nun denn, ich wollte sowieso gerade gehen“, erwiderte Ludwig und ergriff die dargebotene Hand leicht zögerlich. „Ich wünsche euch eine gute Heimreise.“ Und sich an von Breuning wendend fügte er hinzu: „Danke, Lenz, und gute Nacht.“

Der Vorfall trübte die Freude über ihren Erfolg bei den Rombergs kaum. Aber es war in der Tat die Zeit des Abschieds gekommen. Nach der Erfüllung von noch zwei Konzertwünschen machten sie sich auf zurück nach Hamburg. Der Abschied von Haydn war herzlich und ehrlich schmerzhaft. So sehr hatte ihnen der väterliche Freund geholfen und es hatte sich eine wirklich innige Freundschaft entwickelt in den Wiener Monaten. Die Reise führte die Rombergs noch nach Prag und Leipzig, aber im Februar 1797 sahen sie die Kirchtürme von Hamburg am Horizont.

Andreas musste sich eine neue Wohnung suchen nach der langen Abwesenheit aus Hamburg. Er fand eine in der Neustädter Fuhlentwiete und er zog allein dort ein. Die Vettern hatten sich darauf verständigt, nicht mehr gemeinsam zu wohnen. Die langen Jahre der Zweisamkeit und auch die Enge in den Unterkünften auf der Reise hatten zu dieser Überlegung geführt. Dennoch war die Wohnung, in die Bernhard einzog nicht weit weg und fußläufig zu erreichen.

Nun also wieder Hamburg und ein Ende der ewigen Stunden in der wackelnden Postkutsche.

Gotha, 10.11.1821

„Ich will nicht mehr reisen, ich kann es einfach nicht mehr aushalten“, jammerte Andreas, als er aus unruhigen Träumen erwacht war und Anna Magdalena an seinem Bett sitzend gewahr geworden war.

„Das musst du nun auch nicht mehr, mein Liebster“, beruhigte sie ihn. „Wir werden schon eine andere Lösung finden.“

„Aber wie soll das gehen?“, fragte Andreas mehr sich als seine Frau und setzte sich ein wenig auf, so dass ihm das Sprechen leichter fiel. „Wenn ich keine Konzerte mehr gebe, wie wollen wir über den Winter kommen? Heinrich alleine kann ich noch nicht losschicken, obwohl er sich im Lauf der Jahre gut entwickelt hat und zuletzt immer sicherer geworden ist, wenn ich ihn mitgenommen hatte.“

„Komm erst einmal wieder zu Kräften, dann sehen wir weiter“, versuchte Magda ihren Mann von seinen sorgevollen Überlegungen abzubringen.

„Die Fahrt nach Münster vor zwei Jahren hat mich schon fast umgebracht“, erinnerte sich Andreas. „Es war kalt und hat die ganze Zeit geregnet und die Straßen waren in einem scheußlichen Zustand. Aber ich musste ja hin, ich konnte doch auf der Beerdigung meines Vaters nicht fehlen. Gut, dass du bei den Kindern zuhause geblieben warst.“

„Aber als du zurück kamst, musste ich dich erst einmal wieder aufpäppeln, so erkältet und schwach warst du“, fiel jetzt auch Magdalena wieder ein. „Aber ich habe das geschafft damals und ich werde das auch jetzt wieder bewältigen. Wir werden das schon machen.“

„Es war eine große Beerdigung, die halbe Stadt Münster war auf den Beinen“, erzählte Andreas weiter. „Vater war aber auch in den letzten drei Jahrzehnten der führende Musiker der Stadt als Leiter der Domkapelle. Vielleicht hätten wir auch nach Münster gehen sollen anstatt in dies verfluchte Gotha. In Münster hat der Name Romberg einen Klang.“

„Aber es ist halt nicht so gekommen. Was nützt es, sich über Vergangenes zu grämen", sagte Magda und streichelte Andreas sanft die Hand.

„Ich will nicht mehr in die Postkutsche", fing Andreas wieder an. „Mehr als fünf Jahre bin ich nun herumgereist von Konzertsaal zu Konzertsaal, um die nötigen Kröten für meine Familie zusammenzustottern. Immer schwieriger wurde es, überhaupt noch jemanden zu finden, der mich haben wollte. Mein Stil sei nicht mehr zeitgemäß, meine Musik nicht virtuos genug. Sie haben einfach nicht verstanden, dass ich mich von den Herren Virtuosi gerade absetzen wollte, dass es um die Komposition und nicht um den Ausführenden ging. Ich kann diesen Kampf nicht mehr weiter kämpfen."

„Das musst du auch nicht, mein Lieblingsgeiger", bestätigte Magda, „du musst dich jetzt ausruhen. Der Doktor will nachher noch einmal nach dir sehen."

„Ach, der kostet auch nur wieder Geld, das wir nicht haben und retten wird er auch nicht mehr viel", zeterte Andreas. „Wenn ich nur noch einmal ans Schreibpult könnte. Ich habe noch einige Ideen nicht ausgeführt, die ich habe. Die geistlichen Texte, auch gerade über den Trost im Tod, haben mich sehr eingenommen in den letzten Wochen. Das hat mich mehr beruhigt als alle unnötige Medizin vom Doktor."

„Das wirst du, das wirst du, aber nun solltest du dich doch wieder ausruhen." Magdalenas Angst um ihren Mann wurde durch seine Besinnung auf das Sterben nicht gerade gemindert. Sie schüttelte Kissen und Decke auf und sah etwas ruhiger, wie Andreas hineinsank, die Augen schloss und regelmäßig atmete.

Hamburg, Sommer 1799

Zurück in Hamburg tauchten die Rombergs sogleich und problemlos wieder ein in den lebendigen Spielbetrieb der Stadt. Sie waren nun doch erkennbar weltgewandter als vor ihrer Bildungsreise und mit ihren dreißig Jahren gut aussehende und ob ihres Erfolges auch begehrte Junggesellen. Und sie zierten sich auch nicht, an den Vergnügungen der Stadt teilzuhaben.

Besonders gerne hielten sie sich in einer Schenke mit angeschlossenem Biergarten auf, die ihr Besitzer und Betreiber Nikolaus Heinrich Ramcke „Sans Souci" genannt hatte. Hier traf sich bei schönem Wetter die Hamburger Bevölkerung, um sich mit allerhand Belustigungen unterhalten zu lassen. Dazu gehörte die gerade moderne Janitscharenmusik genauso wie Ballett und Akrobatik. Auch offenes Singen wurde angeboten und natürlich gerne Kammermusik, bei der die Rombergs immer wieder mittaten. Dadurch waren sie Vater Ramcke vertraut und angenehm. Zu besonderen Anlässen gab es dann noch Feuerwerk in der Nacht. Bei Ramcke war immer was los. Zudem hatte er einige ansehnliche Töchter im heiratsfähigen Alter. Auch die kümmerten sich auffallend nett um die beiden „Brüder".

„Der Sommer hält dieses Jahr einige schöne Tage bereit. Es ist Sonntag, keine Vorstellung, also lass uns zu Ramcke rausfahren. Was ist, Andreas?", versuchte Bernhard seinen Vetter zu animieren.

„Ich weiß nicht. Ich wollte den langsamen Satz eigentlich noch fertig machen. Es läuft gerade so gut", murmelte Andreas und schrieb weiter Noten in ein Partiturblatt.

„Komponieren kannst du immer noch, aber die Veranstaltungen bei Ramcke sind für dies Jahr bald wieder vorbei. Sei kein Frosch, genieß das Leben."

"Du willst doch nur wieder sehen, ob dir die Katharina noch immer schöne Augen macht. Was ist denn nun, willst du dich ihr erklären? Sie ist lieb und fein anzusehen und Vater Nikolaus hat auch noch ordentlich was in seinem Sack."

„Mach dich über den Nikolaus nicht lustig. Wer weiß, ob du ihn nicht selber bald brauchen kannst. Magdalena hat nämlich auch schöne Augen. Und wenn mich nicht alles täuscht, wirft sie die neuerdings immer auf dich, mein Bruder."

„Beim letzten Mal hat sie mir sogar eine Kusshand nachgeworfen. Und beim Tanz haben wir auch nur wenig ausgelassen. Weißt du, ich habe tatsächlich darüber nachgedacht, ob es nicht schön wäre zu solch einer Frau nach Hause kommen zu können. Schließlich sind wir auch schon über dreißig."

„Aber wenn du hier in deiner Kammer hockst und Noten kleckst, wird daraus nie etwas. Also pack die Geige in den Kasten. Wir wollen doch mal sehen, ob wir den Laden nicht ordentlich in Schwung bringen können. Und wenn das Feuerwerk die Nacht erhellt, dann kannst du deiner Anna vielleicht auch einen Kuss aufbrennen."

„Na, und du wirst das sicherlich bei deiner Anna auch versuchen. Was für ein Spaß, wenn die zwei Schwestern zwei „Fratres in Musica" bekämen."

„Und Vater Nikolaus bekäme noch zwei Musiker, die er nicht bezahlen muss. Das überzeugt den alten Ramcke sicher. Also los, auf ins Vergnügen."

„Ja, lass die Fideln fidel sein. Die fröhliche Hansestadt ruft und die Brüder Romberg kommen. Auf zu Wein, Weib und Gesang."

Im „Sans Souci" saßen die Gäste an Tischen um eine Bühne herum, auf der ein kleines Ensemble spielte, als Sologeiger war Andreas Romberg zu erkennen, Bernhard spielte sein Cello. Nach dem Abschluss des Musikstücks verneigten sich die Musiker zum wohlwollenden Applaus des Publikums und gingen von der kleinen Bühne. Auf sie folgte der Auftritt eines Feuerschluckers, der von dem etwas korpulenten und rotgesichtigen Nikolaus Ramcke angekündigt wurde.

„Ihren Applaus für die Musici, meine Damen und Herren. Die Brüder Romberg haben uns wieder einmal beglückt mit ihrer schönen Musik. Aber nach so viel hehrer Kunst brauchen wir ein bisschen Sensation und Unterhaltung. Die bringt uns nun der bekannte Feuerschlucker Geraldi. Herr Geraldi, die Bühne gehört Ihnen."

Geraldi, in seidenen roten Pluderhosen und mit nacktem, haarlosem Oberkörper, zwei brennende Fackeln in der Hand begann sein Programm, indem er das Feuer an den Armen entlang und zu den Lippen führte.

Die abgetretenen Musiker standen neben der Bühne an einer Theke und ließen sich mit frisch gezapften Bier versorgen. Während Andreas mit einem anderen Musiker anstieß und sich angeregt unterhielt, sah man im Hintergrund, wie Bernhard eine der Damen hinter der Theke bei der Hand nahm und sie um die Gebäudeecke herum entführte. Als Andreas sich nach seinem Vetter umsah, um auch ihm ein Bier zu reichen, bemerkte er verblüfft sein Fehlen.

Bernhard und das Mädchen, Ramckes älteste Tochter Anna Katharina, waren in den privaten Teil des Gartens gegangen, in dem sich, umschlossen von mannhohen Hecken, eine große Laube befand, die recht dicht zugewachsen war. Darin standen zwei gusseiserne weiße Bänke mit durchbrochenen Mustern auf Lehne und Sitz bei einem ebensolchen Tischchen. Bernhard und Anna Katharina gingen händchenhaltend auf eine der Bänke zu, ließen sich nieder und schmusten und küssten einander.

„Ach, Liebste, wie lange musste ich darauf warten", flüsterte Bernhard mit schmeichelnder Stimme.

„Der Andraes wollte schier nicht aufhören mit der Musik", bemerkte Anna Katharina.

„Dafür ist er jetzt durstig und stört uns nicht", meinte Bernhard und streichelte der jungen Frau über das blonde Haar.

„Dass nur der Vater nichts merkt", sagte Anna Katharina und sah besorgt um sich.

„Hab keine Angst, mein Schatz. Bald werd' ich es ihm sowieso sagen müssen", beschwichtigte Bernhard.

„Ach, ich hab dich so lieb, mein Bernhard", gab sich Anna Katharina wieder ganz der Beschäftigung mit ihrem Liebsten hin.

Inzwischen hatte sich Andreas auf die Suche nach seinem Vetter gemacht. Hinter einer der hohen Hecken blieb er stehen und sah nun durch die dichten Blätter das innig versunkene Paar in der Laube, ohne von ihm gesehen zu werden. Andreas beobachtete die beiden eine Weile schmunzelnd. Dabei entdeckte er einen weiteren heimlichen Beobachter der Szene auf der gegenüberliegenden Seite der Laube. Ein Augenpaar leuchtete durch das Laubenlaub. Andreas schlich leise und behutsam an der Hecke entlang um die Laube herum und erkannte Anna Magdalena, Anna Katharinas jüngere Schwester, die ebenfalls durch das Laub schauend das turtelnde Paar beobachtete. Als sie erkannte, dass sie entdeckt wurde, errötete sie und schickte sich an fortzulaufen, doch Andreas ergriff ihre Hand und hielt sie fest, während er den Finger der anderen Hand an den Mund legte. Ein gemeinsamer Blick auf das Liebespaar zeigte ihnen, dass diese völlig auf sich bezogen und abgelenkt waren und nichts bemerkt hatten. Deswegen war ein flüsterndes Gespräch zwischen den Beobachtern möglich.

„Wollen wir ihnen ihr Glück nicht gönnen?“, fragte Andreas leise.

„Meine Schwester bekommt aber auch immer, was sie will“, gab Anna Magdalena ebenso leise zurück.

„Der Bernhard ist eben ein fescher Kerl und lange bitten lässt er sich auch nicht. Manchmal beneide ich ihn.“

„Aber ihr zwei seid euch doch fast zum Verwechseln ähnlich“, meinte Anna Magdalena verwundert.

„Ganz so ist das nicht“, erklärte Andreas. „ Wenn ich auf der Bühne stehe und meine Musik mache, da kann mir keiner was. Aber wenn ich einem entzückenden Mädchen gegenüber stehe, packt mich die Schüchternheit und ich weiß nicht recht weiter.“

Er ergriff vorsichtig ihre Hand.

„Ich hab auch nicht gewusst, wie ich dir sagen könnte, wie gern ich dich mag. Nur, diese Gelegenheit kann ich nicht einfach so auslassen.“

„Heißt das... meinst du, ich und du...?“ Ihre Stimme zitterte leicht.

„Ich hab dir schon lange nachgesehen, wenn du wie eine Elfe durch euren Garten schwebst und deine Augen leuchten so keck. Aber ich bewundere auch, wie du den frechen Händen der Gäste ausweichst und rechtzeitig einmal scharf wirst im Ton. Nur hab ich mich deshalb auch nie getraut, dich anzusprechen. Und wir waren bis jetzt auch noch nie allein.“

„Und nun, wo wir allein sind, fürchtest du, dass ich deinen frechen Händen ausweiche?“, fragte sie, nun wieder kecker.

„Das hättest du dann wohl schon längst getan. Ich hoffe sogar, dass du meinen vorwitzigen Lippen nicht ausweichen wirst, wenn ich dich jetzt küsse.“

Langsam näherten sich die Gesichter der beiden für einen Kuss. Doch kurz bevor es dazu kam, hörte man Lärm aus dem

Inneren der Laube. Nikolaus Ramcke stürzte auf Bernhard und Anna Katharina los.

„Was muss ich da sehen? Herr Romberg, ich suche Sie, weil das Programm weiter gehen soll und finde Ihre Hände an meinem unschuldigen Kind? Was soll ich davon halten?", polterte der dicke Wirt los. „Und du, Käthe, meine Älteste, hat dir deine Mutter etwa beigebracht dich so gegenüber den Mannsbildern aufzuführen? Auseinander und ins Haus mit dir, Tochter." Er zeigte energisch mit ausgestreckter Hand auf die Seitentür der Wirtschaft.

Anna Katharina und Bernhard fuhren erschrocken und betreten auseinander, doch bevor sie noch reagieren konnten auf Ramckes Tirade, hörte man ein lautes Gelächter von jenseits der Hecke und alle drei schauten sich verwundert um, bis Andreas und Anna Magdalena noch immer lachend und sich an den Händen haltend hinter ihrem Versteck hervortraten.

Anna Katharina und Bernhard gingen jeweils gleichzeitig auf ihren jeweiligen Verwandten deutend aufeinander zu: "Du?", sagten fast alle gleichzeitig.

„Ihr? Das wird ja immer verrückter hier. Da hat man Töchter und lässt zwei Brüder ins Haus und schon ergibt sich der herrlichste Kuddelmuddel. Ich sage euch, wenn Ihr keine ehrlichen Absichten habt, da könnt Ihr aber Nikolaus Ramcke in voller Pracht erleben. Und Musik hättet Ihr hier auch zum letzten Mal gemacht", begann Ramcke wieder zu poltern, diesmal beinahe noch lauter.

Inzwischen hatten sich die Schwestern zueinander gestellt und auch Andreas war zu Bernhard getreten.

„Vater Ramcke, beruhigt Euch, gerade habe ich mit Katharina besprochen, dass wir euch einweihen wollten in unsere Liebe. Ich möchte Euch um die Hand Eurer Tochter bitten. Ich hatte mir das etwas anders vorgestellt, aber wenn es nun mal so gekommen ist. Was sagt Ihr?" Bernhard hatte ernst und in angemessenem Ton gesprochen.

Nun fügte Andreas ebenso ernsthaft hinzu: „Ich bin zwar noch selbst überrascht von all dem hier, aber wenn Magdalena mich will, können wir die Familien wirklich gleich doppelt aneinander binden. Und für die Hochzeitsmusik wäre dann auch schon gesorgt."

„Jetzt hauts dem Fass den Boden raus, so weit ists schon und ich weiß noch von nix?“ Ramckes Ton war schon viel leiser und klang jetzt eher etwas verzweifelt.

Aber Anna Katharina und Anna Magdalena liefen nun gleichzeitig auf ihren Vater zu und herzten ihn: „Ach, Vater, lieber Papa.“

„Wir wissen doch, wie sehr du die Rombergbrüder magst“, sagte Anna Katharina.

„Und so mögen wir sie halt auch. Sag ja, Papa“, fügte Anna Magdalena hinzu.

Nikolaus löste sich aus den Armen seiner Töchter und ging langsam zurück zu seinen Gästen. „ Was soll man machen? Da hat man Töchter und dann kommen zwei Brüder und weg sind sie. Und ich muss es nun auch noch meiner Frau beibringen.“ Man hörte ihn noch unverständlich in seinen Bart brummeln.

Die beiden Paare fielen sich in die Arme und nun kam es doch noch zum Kuss zwischen Anna Magdalena und Andreas. Aber schon hörte man Nikolaus' Stimme mit alter Kraft: „Aber die Herren Romberg gehören jetzt auf die Bühne. Die Musik muss weiter gehen. Die Gäste haben nicht fürs Rumbusseln bezahlt.“

Andreas und Bernhard lösten sich von ihren Bräuten und liefen dem alten Ramcke hinterher.

„Ich habe ja gar nichts gewusst, warum hast du denn nichts davon erzählt?“, wollte Bernhard von Andreas wissen.

„Du hast mir ja auch verschwiegen, wie konkret es schon mit dir und der Katharina ist“, antwortete Andreas, „obwohl ich schon was geahnt habe. Aber die Magda ist mir tatsächlich erst heute in die Arme gefallen. So eine Liebe muss von Dauer sein. Du wirst sehen.“

Dann machten sie sich schleunigst auf zur Bühne, wo ihre Mitspieler schon warteten. Ihre Instrumente schienen an diesem Nachmittag einen besonders sprühenden Klang zu entwickeln, wie er nur von Verliebten erzeugt werden konnte.

Hamburg, Herbst 1799

„Verdammte Sauerei! Jahrelang haben wir den Laden hier geschmissen und jetzt glauben diese Herren an uns zerren zu können wie an Marionetten. Ich werde am Sonntag nicht spielen. Und dann sollen die mir mal Vertragsbruch nachweisen. In meinem Vertrag steht nicht, dass ich sonntags spielen muss."

„Nun beruhige dich doch, Bernhard. Du hast ja Recht. Aber zum einen hat Schröder auch immer schon sonntags spielen wollen und die Herren vom Rat haben ihm nie nachgegeben. Insofern ist das doch ein Erfolg der neuen Direktoren. Zum anderen sollen wir ja mit dem Direktorium einen neuen Vertrag machen, in dem wir diese Dinge klären können."

„Mit mir aber nicht, Andreas. Ich werde die Gelegenheit nutzen und das Auslaufen meines Vertrages als Anlass nehmen, ihn nicht zu verlängern. Ich will noch weiter kommen als bis nach Hamburg. Ich habe mir überlegt, wieder nach Paris zu gehen. Willst du nicht mit mir kommen, Andreas?"

„Das kommt mir jetzt aber doch ein wenig zu plötzlich. Du weißt doch, ich habe mir noch mal die „Alla turca"-Sinfonie vorgenommen, damit sie endlich druckreif wird. Und überhaupt ist mein Kopf voll von Ideen, die ich gerne zu Papier bringen will."

„Du bist zu jung, um schon nur noch in der Kammer zu hocken und zu komponieren. Du hast in Rom und in Wien doch auch deinen Spaß gehabt. Wie wärs jetzt mit Paris?"

„Das ist verlockend, aber auch etwas erschreckend. Du kennst die Pariser doch auch noch. Damals waren wir jung und man staunte über uns. Aber heute müssten wir uns gegen eine starke Konkurrenz beweisen. Du bist da vielleicht etwas optimistisch."

„Ach, sei kein Frosch, du bist auf deiner Violine genauso gut wie ich auf meinem alten Cello und so gut wie die Pariser allemal. Und deine Sachen sind besser als andere und ungewöhnlich. Hab nur Selbstvertrauen."

„Was hältst du davon, wenn du vorgehst. Am Theater spielen will ich auch nicht mehr. Die sollen sehen, wie sie mit den Ratsmusikanten klar kommen. Aber ich nehme mir Zeit, um noch ein paar gute Ideen auszuführen, vielleicht sogar mal wieder eine Oper und du sondierst das Terrain in Paris. Wenn alles klappt, komme ich im nächsten Jahr nach.“

„Es fällt mir schwer. Zum ersten Mal trennen sich unsere Wege. Aber du hast Recht. So machen wirs. Inzwischen hab ein Auge auf meine Anna, wenn du die deine besuchst. Wenn ich in Paris Erfolg habe, dann soll sie meine Frau werden. Die Verlobungszeit war nun lang genug.“

„Alter Schwerenöter. Natürlich wirst du Erfolg haben, dafür brauchst du mich doch nicht, in Paris und auch bei Anna Katharina.“

Hamburg, Herbst 1800

„Wie ist es dir ergangen in Paris? Erzähl!“, forderte Andreas Bernhard auf, nachdem sie das Gepäck von der Kutschstation bis in die Wohnung in der Fuhlentwiete geschleppt und sich schnaufend in die Sessel fallen lassen hatten.

„Gemach, gemach“, sagte Bernhard noch immer etwas außer Atem, „lass mich erst mal zu Luft kommen. Also es war tatsächlich so, wie ich es mir erwartet hatte. Ich habe eine feste Dozentur am Pariser Konservatorium und auch einige Privatschüler. Und meine Konzerte sind gut besucht. Jedenfalls habe ich jetzt das Geld zusammen, damit ich endlich meine Anna Katharina heiraten kann. Ich muss gleich zu ihr hinüber fahren. Sie wartet sicher schon.“

„Ja, sicher“, sagte Andreas, „aber einen kleinen Augenblick gönnst du mir schon noch. Ich habe dich nämlich auch sehr vermisst.“

„Natürlich, mein Bruder. Was war mit dir? Hast du fleißig komponiert in den vergangenen Monaten?“

„Oh ja, das hab ich“, bestätigte Andreas stolz. „Ich bin jetzt sogar preisgekrönt.“

„Na, herzlichen Glückwunsch, das musst du mir genau berichten.“

„Ein guter neuer Freund hier in Hamburg, den du noch nicht kennst, hatte im Frühjahr in einer Beilage der Allgemeinen Musikalischen Zeitung, die sich ausgerechnet „Intelligenzblatt“ betitelte, gelesen, dass für eine Vertonung des 110. Psalms „Dixit Dominus“ fünfzig Dukaten für einen ersten Platz ausgelobt wurden und übrigens dreißig für einen zweiten. Also habe ich mich ans Werk gemacht und ein Stück für Soli, Chor und Orchester aufgesetzt, das so etwa eine halbe Stunde in der Aufführung bringt. Und ich habe es auch sicher rechtzeitig und ordnungsgemäß in die Post gegeben.“

„Warum betonst du das so?“, wollte Bernhard wissen.

„Hör zu!“, erzählte Andreas weiter. „Den ersten Preis gewann dann laut der Allgemeinen Musikalischen Zeitung ein gewisser Herr Justin Heinrich Knecht aus dem fernen Biberach, einen zweiten Platz hatten sie gleich gar nicht vergeben. Da habe ich doch noch einmal schriftlich nachgefragt, ob denn meine Komposition beachtet worden sei und die Herren Juroren mussten eingestehen, dass ihnen meine Noten nicht vorgelegen hatten, aber nicht durch meine Schuld.“

„Und was ist dann dabei herausgekommen?“, wollte Bernhard wissen.

„Das Ende vom Lied war, dass sie erkennen mussten, dass meine Vertonung die qualitativste war. Und weil sie ihren Irrtum gegenüber Herrn Knecht nicht eingestehen wollten, haben sie mir ebenfalls einen ersten Preis zugestanden und auch die fünfzig Dukaten gezahlt. Das war eine etwas aufregende, aber am Ende doch feine Sache.“

„Und sie zeigt, dass deine Kompositionen wirklich eine aller Ehren werte Qualität besitzen“, lobte Bernhard den stolzen Vetter. „Ich hoffe, du hast eine Aufführung des Psalms während meines Aufenthalts geplant, den möchte ich unbedingt hören.“

„Das werden wir schon hinkriegen“, sagte Andreas, „aber nun lass uns ruhig zu Ramckes hinüber fahren. Meine Magda wird sich auch freuen, mich zu sehen. Wir haben unsere Hochzeit dann für das nächste Frühjahr vorgesehen. Vater Nikolaus ist schon völlig aus dem Häuschen. Zum Glück müssen wir uns keinen Saal für die Feier suchen, den liefert der Schwiegervater. Und Musiker finden wir auch schnell. Wir laden unsere Freunde als Gäste ein, dann können sie als Geschenk umsonst zum Tanz aufspielen. Also lasst uns den Hafen der Ehe aufsuchen. Zu Ende ists mit dem Junggesellenlotterleben. Es lebe die Liebe!"

Paris, 4.4.1802

„Was für ein Tag, was für ein Jahr", seufzte Andreas, als er aus dem Schlafzimmer in den Salon ihrer Pariser Hotelsuite trat.

Dort warteten Bernhard und Anna Katharina in bequemen Sesseln entspannt zurückgelehnt mit einem Glas Champagner auf dem Tischchen vor sich.

„Lass uns noch einmal anstoßen auf die nächste Romberg-Generation", empfing ihn Bernhard und füllte ein weiteres hohes Glas mit Champagner. „Wie soll er denn heißen, der neue Stammhalter?"

„Wir wollen ihn Heinrich nennen, Heinrich Maria als Dank an die Jungfrau, weil alles so gut gegangen ist", erklärte Andreas.

„Geht es meiner Schwester gut?", erkundigte sich Anna Katharina.

„Sie schläft jetzt erst einmal, genauso wie mein kleiner Sohn", beruhigte Andreas seine Schwägerin. „Sie ist natürlich etwas erschöpft, aber alles ist unkompliziert verlaufen, wie mir die Hebamme bestätigte."

„Nun sind wir schon wieder eineinhalb Jahre zusammen hier in Paris und es ist eine Menge geschehen", meinte Bernhard, „aber die Geburt meines Neffen ist eindeutig der Höhepunkt."

„Ansonsten kann ich leider nicht viele Höhepunkte entdecken, wenn ich mich zurück besinne", setzte Andreas hinzu. „Die letzten Höhepunkte waren die Hochzeiten, deine im Oktober im Jahr des Jahrhundertwechsels und meine dann im folgenden Mai. Und beide Feiern waren in Hamburg und nicht hier in Paris."

„Du hattest schon nicht ganz Unrecht, als du Paris als Risiko eingeschätzt hast", bestätigte Bernhard seinen Vetter. „Trotzdem finde ich nach wie vor, dass es richtig war, es zu probieren. Mir hat

Paris gut getan, meine Dozentur am Konservatorium, meine Anerkennung als Musiker. Allerdings muss ich zugeben, dass ich auch nie so hoch hinaus wollte wie du. Hier in der Weltstadt der Musik eine Oper zu platzieren ist wirklich überaus mutig, ja wagemutig. Und wir haben wirklich alles versucht mit deinem „Don Mendoze". Wir hatten ja sogar Claqueure bestellt."

„Was nutzt das, wenn das Publikum einfach nicht auf die Geschichte anspringen will. Arrogante, verwöhnte Pariser Clique", schimpfte Andreas.

„Genau so war es, es war das Libretto. Da konnte auch deine wunderschöne Musik nichts retten", erklärte Bernhard. „Die Ouvertüre solltest du übrigens als Konzertstück unbedingt stechen lassen. Sie ist einfach zu gut, um mit dem Rest der Oper unterzugehen."

„Ich danke dir, mein Lieblingsvetter", klang Andreas' Stimme wieder versöhnlicher. „Aber mir reicht es jetzt mit Paris. Sobald Magda sich erholt hat und der kleine Heinrich zu Kräften gekommen ist, werden wir nachhause fahren, zurück nach Hamburg. Ich will diesmal die Kutsche vermeiden und auf einem Schiff von Le Havre aus segeln. Das ist dann auch gleich die nachgeholte Hochzeitsreise für meine Liebste und für mich."

„Natürlich bedaure ich sehr, dass du zurück gehst", meinte Bernhard, „aber ich kann dich gut verstehen. Deine Aussichten hier scheinen mir auch nicht wirklich gut zu sein."

„Schade", schaltete sich auch Anna Katharina ein, „es war so schön in dieser Zeit als Familie zusammen zu sein. Meine Schwester wird mir sehr fehlen und du natürlich auch. Und ich hätte gerne meinen Neffen ein Stück weit aufwachsen gesehen."

„Ich hoffe sehr, dass es euch gut gehen wird hier in Frankreich", wünschte Andreas. „Die politischen Verhältnisse sind mir, ehrlich gesagt, auch ein wenig unsicher. Die Revolution scheint ihre schlimmsten Auswirkungen wohl überwunden zu haben. Aber wer weiß, wohin sich dieser machthungrige Kriegsherr Napoleon noch entwickeln wird. Ich will jedenfalls schön weit weg sein und es mir aus der Ferne betrachten."

„Es wird schon nicht so schlimm kommen“, beschwichtigte Bernhard. „Und wie hatten wir schon vor zehn Jahren gesagt: Musik wird immer gehört und Musiker deswegen immer gebraucht.“

„Das ist zum Glück noch immer wahr“, stimmte Andreas seinem Vetter zu. Dann hob er sein Glas. „Lasst uns anstoßen auf den neuen Erdenbürger Heinrich Maria Romberg, die nächste Generation von Musikern, die sich von den Zeitläuften nicht beeindrucken lässt. Vivat Heinrich, vivat Musica!“

Auf dem Schiff, 1802

Im Ärmelkanal hatte der Wind etwas aufgebriest. Damit kamen sie zwar zügiger voran, aber das Schiff, das sie von Le Havre nach Hamburg bringen sollte, schaukelte doch ziemlich deutlich auf den nun höheren Wellen. Anna Magdalena kam aus ihrer Kabine an Deck, wo Andreas auf sie wartete und gleich in eine warme Decke hüllte, die er bereitgehalten hatte.

„Schläft der kleine Heinrich jetzt?“

„Wie ein kleiner Engel. Ihm macht das Schaukeln gar nichts aus. Im Gegenteil, es wiegt ihn in den Schlaf.“

„Und wie geht es dir, mein Schatz? Du siehst ein wenig bleich aus.“

„Das Abendessen war für die Katz, eigentlich eher für die Fische. Ich konnte es nicht bei mir behalten.“

„Du Arme, eigentlich sollte diese Reise dich ja entschädigen für alles, was du auf dich genommen hast für mich.“

„Aber das tut sie doch auch, mein lieber Andreas. Der Kapitän meinte, morgen würde sich die See beruhigen, wenn wir durch den Kanal durch wären. Und wenn wir erst in der Nordsee sind, ist Hamburg nicht mehr weit.“

„Du freust dich auf deine Eltern, ja? Wie werden die sich auch auf ihren kleinen Enkel freuen. Mutter Catharina hätte dir sicher bei deiner ersten Geburt gerne beigestanden und da bist du in Paris. Weißt du, auch wenn ich immer noch ein wenig ärgerlich bin auf diese Pariser Clique, es ist wirklich schön, wieder in Hamburg spielen zu können, wo man mich kennt und, so glaube ich, auch würdigt."

„Es ist schön, dass du nicht nur nach Hamburg zurückkehrst, weil deine Gemahlin albernes Heimweh hat, dass du auch meinst, dass Hamburg für dich als Musiker und Komponist das erfolgversprechendere Pflaster ist."

„Bernhard hat sich so viel Mühe mit mir gegeben. Er muss jetzt nicht mehr aufpassen, dass ich mit meinem Pech ihm seine Erfolge verderbe. Am Konservatorium und als Virtuose hat er sich dort wirklich einen klingenden Namen gemacht. Ich hoffe, deine Schwester kann besser auf Hamburg verzichten als du. Denn ich sehe Bernhard nicht so bald dorthin zurückkehren."

„Deine Musik war es ja nicht, Andreas. Alle haben gesagt, schade, dass das Libretto so elend war, daran war die schöne Musik verschwendet."

„Es ist lieb, dass du mich trösten willst, Magdalena. Aber ich hätte das natürlich vorher beachten müssen, bevor ich so viel Arbeit und Geld in dieses Pleiteunternehmen gesteckt habe. Dreißig Claqueure haben wir bestellt und sie haben munter in ihre großen Hände geschlagen. Aber schon nach dem ersten Akt haben die gelangweilten Gesichter der Pariser Bourgeoisie meinen „Mendoze" sterben lassen. So schnell mache ich mich nicht mehr an eine Oper heran."

„Nun sieh mal nicht alles so schwarz, mein Lieber. Deine Streichquartette sind durchaus angekommen beim Publikum und das gilt auch für die Violinkonzerte. Und dein Geigenspiel hat regelrecht Erstaunen hervorgerufen. Vielleicht wagst du dich ja mal wieder an eine Sinfonie."

„Ja, mein Geigenspiel. Erstaunt hats die Leute, aber verstanden haben sie es nicht. Wenn da mal einer was anderes probiert und nicht spielt wie ihr Viotti, kriegen sie gleich große Augen. Aber ich mag beim Spielen nicht nachäffen, ich spiele so, wie ichs empfinde."

„Und das werden dir die Hamburger auch wieder zubilligen, mein Schatz. Lass uns nach vorne sehen. Das Glück bleibt uns sicherlich hold."

Andreas nahm seine Frau sanft in die Arme und küsste ihr Haar.

„Du hast Recht, mein Liebling. Lass uns das böse Paris vergessen und nach vorne sehen. Und was siehst du dort? Richtig, einen wunderschönen Sonnenuntergang. Wir stehen nämlich am Heck des Schiffes und sehen nach hinten aus. Aber wenn wir es jetzt unserem Sohn nachmachen und schlafen gehen, können wir uns morgen früh an den Bug stellen. Und dort wird die Sonne dann wunderbar wieder aufgehen. Und so wird es immer bleiben, wenn wir nur zusammen stehen."

Hamburg, 1807

Die neue Wohnung der Familie Romberg lag am Ende der Caffeemacherreihe wieder in der Nähe von St. Michaelis. Die Wohnung am Drillhaus bei St. Jakobi nahe der Binnenalster war Andreas zu eng geworden, nachdem als viertes Kind nach Cornelia Christine Amalia und Ernst August der zarte Cipriano Bernhard Friedrich geboren wurde. Dass Cipriano noch vor dem Umzug mit nur vier Monaten starb, konnte man nicht ahnen. Der Umzug fand dann trotzdem statt und nun war Anna Magdalena im Oktober wieder mit einem Knaben niedergekommen, den sie ebenfalls Cipriano Friedrich Marianne (nach seiner Tante) getauft hatten.

Ein weiterer Grund für den Umzug war, dass die alte Wohnung ganz in der Nähe der Exerzierhalle lag und gerade im Sommer, wenn die Soldaten die Fenster geöffnet hatten oder gar vor der Halle exerzierten, das Befehlsgeschrei und der elende Gleichschritt der Truppen oder das Getrappel der vielen Pferde doch sehr störend waren. Das war im letzten Jahr noch schlimmer geworden, nachdem die Franzosen nun doch noch die Hansestadt besetzt hatten und deren militärische Einrichtungen nutzten. Zudem bestand die Gefahr, dass gerade in der Nähe dieser Halle die Wohnungen der Bürger für Einquartierungen von Offizieren genutzt werden würden, die so ihren Einsatzort fußläufig erreichen könnten.

Die neue Wohnung war in der Tat größer und heller und häufig, wenn der Wind richtig stand, durchströmt vom Duft einer Kafeerösterei in der Nähe. Anna Magdalena hatte es sich nicht nehmen lassen sie trotz ihrer zunehmenden Fülle und Unbeweglichkeit während der Schwangerschaft gemütlich und stilvoll einzurichten und Andreas war stolz auf seine perfekte Hausfrau und die bürgerliche Gemütlichkeit, die sie ihm und der Familie schuf. Deshalb hatte er zur Taufe des neuen Cipriano wieder einmal eingeladen, um den Hamburger Freunden zu zeigen, dass es ihm noch ganz gut ging in der neuen politischen und gesellschaftlichen Situation.

Auch in der Wohnung am Drillhaus schon hatten die Einladungen von Andreas Romberg einen guten Ruf. Man kam gern in seinem Salon zusammen, um über neue Theaterinszenierungen, Bücher und Musikwerke zu reden und zu diskutieren oder auch selber zu musizieren, denn zu den Eingeladenen gehörten natürlich hauptsächlich die anderen Musikgrößen der Stadt.

Auch jetzt im Oktober waren unter anderen Schröder und Schwencke, Louis Spohr und Johann Nicolaus Prell, ein ehemaliger Schüler Bernhards und von Spohr sehr geschätzter junger Cellist, gekommen, um sich an frischem Kaffee und von Magda selbst gebackenem Butterkuchen zu laben. Auch manch gute Zigarre verbreitete wohlriechenden Rauch im Wohnzimmer, obwohl es wegen der Kontinentalsperre nicht mehr so leicht war, sie zu bekommen. Dafür gab es ausgezeichneten Cognac, seitdem die Franzosen ihn sich aus der Heimat nachschicken ließen und die Herren genossen diesen kleinen Vorteil aus der ansonsten misslichen Lage gern.

Bernhard Romberg hatte auf der Rückreise von Wien und Leipzig den Abstecher nach Hamburg gemacht, um an der Tauffeier teilzunehmen, bevor er wieder zu seinem derzeitigen Wohnsitz in Berlin fahren wollte.

„Ich habe übrigens vor ein paar Wochen einen Brief an unseren Freund Friedrich Kunst nach Wien geschickt", erzählte Bernhard und nahm einen Schluck des goldbraunen Cognacs aus seinem Kristallbecher. „Er erkundigte sich ausdrücklich nach dir, Andreas. Er machte sich Sorgen, wie es in Hamburg unter den Franzosen weitergehen möchte und bot an, dir in Wien ein Engagement zu besorgen. Ich habe ihm geschrieben, dass es dir zurzeit noch gut geht und du dein geliebtes Hamburg nur schwerlich verlassen möchtest. Und so sieht es ja auch aus, wenn ich deinen neuen Wohnsitz als Maßstab nehmen darf. Wo kannst du denn überhaupt noch Konzerte machen?"

„Danke für das Kompliment für die Wohnung", meinte Andreas, „das gebe ich sogleich an die sorgende Hausfrau weiter." Auch er hob sein Glas, prostete seinem Vetter zu und trank einen herzhaften Schluck.

„Du weißt ja, dass ich im letzten Jahr dem Deutschen Theater endgültig den Rücken zugekehrt habe. Und ich habe es nicht bereut. Ich hatte das ewige Gezerre mit den Herren Direktoren wirklich Leid und bin viel entspannter, seit ich es hinter mir gelassen habe. Es gibt inzwischen eine ganze Reihe bürgerlicher Konzertsäle in der Freien- und Hansestadt, die gut besucht werden. Vor drei Jahren hat der „Salon d'Apollon" in der Großen Drehbahn aufgemacht, gleich neben dem französischen Schauspielhaus. Der Saal ist wirklich schön. Aber es gibt auch noch weitere. Da ist der Saal im ehemaligen Schimmelmannschen Palais in der Mühlenstraße und der Konzertsaal auf dem Valentinskamp. Dann kann man noch im Kaiserhof, im Einbeckschen Haus oder im Hotel Rainville spielen. Und nicht zuletzt lädt die Madame Revel gerne in ihren Saal ein und, ach ja, an der Großen Drehbahn ist ja auch der Logensaal, in dem ich schon gespielt habe."

„Und wie steht es mit den Einnahmen?", wollte nun Spohr wissen, der interessiert zugehört hatte und dabei genüsslich an seiner Zigarre sog.

„Ich kriege meinen Spezies-Thaler noch als Eintritt", erklärte Andreas, nicht ohne einen gewissen Stolz in der Stimme. „Die anderen sind gedrückt worden auf 2 Courantmark und 8 Schilling. Wenn der Apollon-Saal mit 300 Sitzen ausverkauft ist und ich alle Nebenkosten für Miete, Kerzen, Musikergehälter und so weiter abgezogen habe, bleiben mir immer noch an die zweihundert Thaler. Und die Leute wollen noch Musik hören, gute Musik natürlich."

„Dann wollen wir mal hoffen, dass die Franzosen das auch mögen und dir nicht in die Suppe spucken", meinte Spohr etwas skeptisch.

„Andreas spielt ja nicht nur eigene Sachen", klinkte sich jetzt Schwencke ein. „Er spielt auch andere Meister, Mozart natürlich, seltener Beethoven, Kompositionen von euch, Spohr, gerne und er ist sich nicht zu schade, sich in die erste Geige zu setzen dabei. Außerdem hat er die Rolle des Orchesterführers und Dirigenten zu einer allgemein anerkannten Kunst ausgebaut."

„Und natürlich hat er auch noch Schüler", erwähnte Schröder. „Und dabei kommen immer wieder gute Musiker heraus. Unterrichten kann er so gut wie du, Bernhard, wie man an dem jungen Prell hier sieht."

Die Tür zum Salon öffnete sich und herein kam Anna Magdalena mit dem kleinen Cipriano auf dem Arm. Sie sah noch nicht wieder voll erholt aus nach der so schnell gefolgten Schwangerschaft nach dem Verlust des ersten Cipriano und der Geburt erst vor gut einer Woche. Das eng an den Kopf zurückgebundene Haar ließ ihr ausgeprägtes Kinn und die vorspringende Nase etwas streng erscheinen, aber ihre ausdrucksstarken, milden Augen und der lächelnde, freundliche kleine Mund minderten diesen Eindruck sofort wieder. Magda trug ein dunkelgrünes Samtkleid mit langen Ärmeln, das von der mäßig ausgeschnittenen Büste lang und gerade herabfiel. Sie war wahrlich das Bild einer jungen bürgerlichen Mutter und Hausfrau und zog die Blicke und Aufmerksamkeit der Herren sofort auf sich.

„Meine Herren, liebe Freunde, der Täufling möchte sich verabschieden und nach dem anstrengenden Tag in sein Bettchen gebracht werden", erklärte Magdalena ihren Auftritt. „Aber Sie sollen natürlich gerne noch sitzen bleiben und sich austauschen. Ich bringe Ihnen gleich noch ein paar neuartige Küchelchen, die die Franzosen Eclairs nennen, damit der Cognac ein wenig Grundlage erhält."

Dann ging sie mit dem Kind wieder hinaus.

„Du hast da wirklich eine gute Wahl getroffen, mein Junge", bemerkte Schröder. „Das ist mal eine Frau und Mutter, auf die man sich verlassen kann. Aber Ramckes Töchter sind wohl alle so, nicht Bernhard?"

„Wohl, wohl", bestätigte Bernhard, „die meine ist ebenso. Also lasst uns das Glas heben auf schöne Frauen und gesunde Kinder. Prosit, meine Herren!"

Hamburg, 1809

Nun hatten sie nach nur zwei Jahren doch noch einmal umziehen müssen. Anna Magdalena war alles andere als entzückt darüber. Sie trennte sich nur ungern von ihrer schönen Wohnung in der Caffeemacherreihe. Und wieder war sie hochschwanger, als sie das Geschirr verpacken, die Wäsche in großen Körben sammeln, die Träger und Fuhrleute beaufsichtigen und dafür sorgen musste, dass alle Möbel ihren neuen Platz bekamen. Aber es gab Gerüchte, dass in ihrem Viertel weitere Zwangseinquartierungen vorgenommen werden sollten und mit dem neuen Kind wäre es in der alten Wohnung dann unmöglich eng geworden. Also biss sie in den sauren Apfel. Zudem war die neue Wohnung in der Peltzerstraße, ganz in der Nähe vom Dom St. Petri, gleich um zwei Zimmer größer und Anna Magdalena befürchtete wohl nicht zu Unrecht, dass das Kleine in ihrem anschwellenden Bauch noch nicht ihr letztes Kind sein würde. Sie wusste manchmal nicht, ob ihre Fruchtbarkeit Fluch oder Segen war. Andererseits genoss sie durchaus, dass sie nach wie vor so attraktiv für ihren geliebten Ehegatten war, dass er nicht von ihr lassen konnte und wollte. Magda errötete bei diesem Gedanken ungesehen und kicherte ein wenig vor sich hin.

Auch dieses Jahr war durchaus erfolgreich für Andreas gewesen. Einige seiner Kompositionen machten nun wirklich Furore. Gleich im Januar hatte er seine Vertonung vom „Lied von der Glocke" von Schillers herrlicher Ballade vorgestellt und der Beifall und die Kritiken waren so hervorragend, dass er es im März gleich noch einmal wiederholte. Und auch die Vertonungen der anderen Schillergedichte, „Die Macht des Gesanges" und „Die Kindsmörderin" kamen gut an beim Publikum. „Die Kindsmörderin" verdankte zum guten Teil ihren Erfolg der Sängerin, die es vortrug und das war niemand anderes als Andreas' Schwester Therese, die auf diese Weise einmal mit ihrem Bruder gemeinsam auftreten und ihre Qualität als Sopranistin beweisen konnte.

Im Mai gab es unerwarteten und äußerst erfreulichen Besuch im Hause Romberg. Der Dekan der Philosophischen Fakultät der Universität Kiel, Carl Friedrich Heinrich, war höchst selbst gekommen, um Andreas für seine Verdienste um die Kunst, insbesondere der Musik, die Doktorwürde zu verleihen.

„Herr Doktor Heinrich, welche Freude", begrüßte Andreas den würdigen Herren, der in Frack und Zylinder vor der Eingangstür stand, „kommen sie nur herein."

Schnell war ein Kaffee gekocht und Magda hatte natürlich auch einige Kekse bereit. Dann erhob sich Dr. Heinrich feierlich und auch Andreas stand auf.

„Herr Andreas Romberg", begann der Laudator, „hiermit überreiche ich Ihnen die Urkunde, die Sie dazu berechtigt, sich zukünftig Doktor der freien Künste, insbesondere der Musik, zu nennen. Die Philosophische Fakultät der Universität Kiel anerkennt damit ihre langjährige Arbeit als Komponist, Virtuose und Lehrer, sowie ihre aktive Mitgestaltung des Musiklebens in der Stadt Hamburg und weit darüber hinaus. Die von Ihnen geschaffenen Meisterwerke und Ihre anerkannten vortrefflichen Kenntnisse in der Kunst der Musik haben die Fakultät zum einstimmigen Beschluss hierfür geführt. Ich gratuliere Ihnen herzlich, Herr Doktor Romberg."

Er überreichte die Urkunde und schüttelte Andreas mit ernster Miene die Hand. Der bedankte sich ebenfalls sehr ernsthaft. Anna Magdalena und die älteren Kinder, die hinzugetreten waren, um diesen Augenblick im Leben ihres Gatten und Vaters mitzuerleben, klatschten in die Hände. Heinrich und Cornelia, nun sieben und sechs Jahre alt, stürmten auf ihren Vater zu, umarmten ihn und ließen sich das in Schönschrift und Latein gefertigte und mit einem großen siegellackroten Band, das durch ein Siegel der Universität gehalten wurde, versehene Schriftstück zeigen. Dr. Heinrich spürte man deutlich an, dass er über die Freude des Ernannten, aber auch über diese Familienidylle sehr gerührt war. Er blieb noch einige

Zeit und ließ sich vom Künstler aufzeigen, was der für die Zukunft plante, bevor er sich auf den Rückweg nach Kiel machte.

Andreas hatte nun natürlich wiederum einen würdigen Anlass, um die Freunde zu einem ausgiebigen Salon in die neue Wohnung zu laden und sie so an der Ehrung teilhaben zu lassen. Anfang Juni saßen sie wie üblich zusammen bei gutem französischem Rotwein und allerdings nur sehr dünnen und nicht sehr qualitativen Zigarren. Die Kontinentalsperre ließ die Preise der guten Ware aus Übersee ins unerreichbare steigen. Die Doktor-Urkunde ging von Hand zu Hand, alle Anwesenden waren sich einig, dass ihr Andreas dieser Ernennung würdig war und ihre Bewunderung und Freude war aufrichtig und groß.

Schwencke hatte sich etwas verspätet. Nun trat er in den Salon und seine Trauerbittermiene passte so gar nicht in die fröhliche Stimmung im Raum.

„Welche Laus ist dir denn über die Leber gelaufen, Christian?", wollte Andreas wissen, als er ihn freundlich umarmte und begrüßte.

„Haydn ist tot", brach es aus ihm heraus. Sofort trat betretene Stille ein.

„Nun erzähle schon. Was ist geschehen? Lass dir nicht alles aus der Nase ziehen", forderte Andreas Schwencke auf.

„Ihr wisst ja, dass er schon einige Jahre leidend war und nicht mehr auftrat und wie sehr ihm der Konzertsaal fehlte", begann er. „Und es ist ja wohl auch bekannt, dass unser so schrecklich geliebter französischer Kaiser nun doch das ehrwürdige Wien nach langer Belagerung eingenommen hat. Und genau da ist unser wirklich geliebter Freund und Vorbild Josef Haydn eingeschlafen. Er soll sehr schwach gewesen sein und die Vorstellung, sich noch mit den Franzosen herumschlagen zu müssen hat seinen Lebenswillen sicherlich auch nicht gestärkt. Aber man erzählt sich, dass er bis zuletzt an seine Bediensteten gedacht und sie beruhigt haben soll, als man den Kanonendonner bis in sein Haus hat hören können. Und dann haben ihm sogar die Franzosen bei der Bestattung die Ehre erwiesen und eine Abordnung ihrer Offiziere hat dem Sarg Geleit gegeben."

Einen Augenblick trat Stille ein, als Schwencke seinen Bericht beendete.

„Liebe Freunde", begann dann Andreas, „der Tod gehört zum Leben, wir alle wissen das. Aber es erfüllt uns immer wieder mit Trauer, wenn ein Mensch gehen musste, der uns persönlich so viel bedeutet hat und der in diesem Fall für die ganze Welt so unendlich wichtig gewesen ist wie unser Josef Haydn. Lasst uns unsere Gläser und uns selber erheben und seiner gedenken. Auf Josef Haydn, eines der größten Musikgenies, die diese Welt je gesehen hat und auf einen lieben, wahren Freund!"

Die Herren tranken aus ihren Gläsern und setzten sich dann wieder. Aber die freudige Stimmung über den Erhalt des Doktortitels war ein Stück weit dahin. Anna Magdalena kam in den Salon, in dem es plötzlich so unerwartet still geworden war und ließ sich von Andreas den Grund erklären. Und früher als gewöhnlich und stiller verließ die Gesellschaft die Rombergsche Wohnung.

Andreas aber war mit dieser Doktorwürde ein Stück weit dort angekommen, wo er hinwollte. Er war ein unabhängiger Künstler, der sich und seine Familie von seiner Kunst ernähren konnte und in der Öffentlichkeit bekannt und anerkannt war. Er war jetzt über vierzig und seine virtuosen Fähigkeiten am Instrument ließen nach, aber in seinen Kompositionen hatte er sich über die Jahrzehnte eine Qualität erarbeitet, auf die er stolz sein konnte und die von seinen musikalischen Freunden und dem Publikum geschätzt wurde. Die Gleichzeitigkeit der Ereignisse, des Doktortitels und Haydns Tod, kennzeichnete geradezu einen Generationenwechsel.

Alles hätte so gut sein können. Wenn da nur nicht diese unsäglichen Franzosen gewesen wären, die das Leben und zunehmend auch das Musikleben mehr und mehr beeinträchtigten, wohin immer sie vordrangen, in Wien und auch in der einst freien Stadt Hamburg und es immer unerträglicher und schwieriger machten.

Hamburg, Weihnachten 1814

Anna Magdalena hatte noch einmal die Wachskerzen am Weihnachtsbaum entzündet. Der Glanz, den sie in den Augen der rund um den Baum sitzenden Kinder erzeugte, ließ ihr Herz weit werden, das nun schon einige Zeit häufig eng und ängstlich war. Sieben Kinderaugenpaare starrten in die kleinen Flammen und hofften, dass sie nicht nur die Herzen, sondern auch den Raum etwa erwärmten, denn der Winter hatte früh und heftig zugeschlagen. Die kleine Henriette Wilhelmine Christel lag an der Brust ihrer Mutter. Ihre Schwestern Johanna Henriette und Albertine Johanna Theresia hatten sich auf den Schoß ihrer ältesten Geschwister begeben und waren von der Stimmung ergriffen ganz still.

Die Familie war nach der langen Rundreise durch Hamburger Wohnungen fast wieder am Ursprung angekommen. In der Neustädter Neustraße im Michel-Viertel und gar nicht weit von der Fuhlentwiete entfernt war nun ihr Domizil. Die zurückliegenden Jahre waren alles andere als ruhig verlaufen und hatten zu großen und nicht unbedingt geplanten Veränderungen geführt.

Vor gut drei Jahren war Hamburg endgültig dem französischen Reich angegliedert worden. Das hatte eine grundlegende Veränderung und Erneuerung der Verwaltung und der Gesetzgebung zur Folge. Die neuen Gesetze beförderten natürlich nicht den Handel und die Wirtschaft der Stadt, die zudem immer wieder hohe Zahlungen an die Franzosen aufbringen sollten, was schließlich nicht mehr gelang. Im Zuge der wirtschaftlichen Einschränkungen lag natürlich schließlich das Kulturleben Hamburgs völlig darnieder, Konzerte konnten kaum noch veranstaltet werden. Es war auch über eine lange Zeit nicht absehbar, wie lange sich die Franzosen halten würden und wann sich die Hansestadt wieder aus den Ruinen erheben und eine Basis für ein Musikleben wieder entstehen könnte.

Andreas gab sein letztes Hamburger Konzert am 29. Februar 1812 im Apollonsaal. Dann sah er sich nach anderen Möglichkeiten um, wie er seinen Lebensunterhalt und die Versorgung seiner

Familie gewährleisten könnte. Die Franzosen hatten seine Lebensgrundlage in der Stadt nachhaltig zerstört.

In der Mitte des Folgejahres kam Spohr zu Besuch.

„Wie schön, dich zu sehen", wurde er von Andreas an der Tür begrüßt.

„Geht mir genauso", meinte Spohr. „Geht es dir und der Familie gut? Wie viele Mäuler hast du denn jetzt zu stopfen?"

Nachdem Spohr seinen Mantel abgegeben hatte, gingen sie in den Salon, wo Anna Magdalena mit der kleinen Christel saß.

„Liebe Frau Romberg", begrüßte sie Spohr herzlich, „wie ich sehe sind sie erneut mit einem Kind gesegnet. Und es ist wahrlich niedlich anzusehn und kommt ganz nach der entzückenden Mutter."

„Ach, Spohr, Sie alter Schmeichler", freute sich Magda über das Kompliment. „Setzen Sie sich her. Und ich sehe mal, ob sich noch ein paar Kaffeekrumen zusammenklauben lassen für ein erfrischendes Getränk." Sie verschwand mit dem Kind Richtung Küche.

„Nun erzähl mal, wie es in Hamburg zugeht", forderte Spohr Andreas auf.

„Es ist der reinste Kuddelmuddel", begann der. „Du kannst es dir nicht vorstellen. Im Februar haben die Hamburger doch tatsächlich einen Volksaufstand versucht, als sie vom französischen Desaster in Russland gehört hatten. Es waren zunächst die unteren Stände, die zu den Waffen griffen, und das war das Problem. Die feinen Herren und ehemals wohlhabenden Bürger ließen sich nur schwer bitten dabei mitzutun. Im März übernahmen dann russische Truppen die Stadt, die die französischen Gruppen der zerfledderten Grand Armee verfolgten. Das währte aber auch nicht allzu lange, entgegen allen Hoffnungen kamen die Franzosen zurück und wüteten jetzt erst recht. Sie ließen ganze Wälder und etliche Bürgerhäuser niederbrennen, um Schussfeld für ihre Kanonen zu erhalten. Und die Hamburger mussten dabei zwangsweise helfen. Die Franzosen glauben doch tatsächlich, dass ihr verdammter Napoleon das Heft noch einmal herumreißen kann. Wir werden sehen. Konntest du denn einfach so einreisen?"

„Ich wurde zwar kontrolliert an der Stadtgrenze“, berichtete Spohr, „aber die Grenzstation war nur dünn besetzt. Offenbar haben die Soldaten andere Sorgen.“

„Das ist gut so“, meinte Andreas erleichtert. „Ah, da kommt der Kaffee.“

„Es ist doch ein beglückendes Gefühl, eine treusorgende Hausfrau wie sie zu haben“, schmeichelte Spohr, „sonst müssten wir den Kaffee noch selbst aufbrühen.“

„Nun ihr habt ja daheim auch eure Dorette, lieber Spohr. Aber was lässt euch den nicht ganz sicheren Weg zu uns nach Hamburg machen?“, wollte Magda wissen, während sie die Porzellantassen auf dem Tisch platzierte und den Kaffee eingoss.

„Ja, setzt euch doch ein wenig zu uns“, forderte Spohr sie auf, „das geht auch euch, euch alle was an.“

„So, so“, meinte Andreas mit fragendem Gesicht.

„Ich gehe fort aus Gotha. Seit acht Jahren diene ich jetzt meinem Herzog Emil Leopold in der Hofkapelle. Es wird Zeit zu neuen Ufern aufzubrechen. Ich habe einen Ruf als Konzertmeister an das Theater an der Wien bekommen und angenommen“, erzählte Spohr.

„Das ist ja wunderbar, mein Lieber“, rief Andreas hocherfreut. „Ich wünsche dir alles Gute dafür. Wer, wenn nicht du, wäre dafür geeignet?“

„Zuviel der Ehre“, wehrte Spohr etwas gekünstelt ab, „aber nun komme ich auf den Punkt, der euch betrifft. Die Stelle in Gotha ist frei und ich habe meinem Herzog viel von euch berichtet und vorgeschwärmt. Wenn du willst, Andreas, würde er dich wohl gerne nehmen.“

„Das ist erfreulich“, sagte Andreas, „und ich danke dir sehr dafür. Aber das kommt jetzt natürlich sehr überraschend und ich muss darüber eine Weile nachdenken und mit meiner lieben Frau reden, das verstehst du sicher.“

„Natürlich verstehe ich das“, bestätigte Spohr, „aber schau dich um. Hamburg ist hin. Ein Musikleben gibt es nicht mehr und wann es wieder eines geben wird, steht in den Sternen. Und du musst die Familie ernähren, die groß genug ist. Ich weiß ja, wie wichtig dir deine künstlerische Freiheit gewesen ist in den Jahren hier, doch du musst die Realität sehen und vielleicht doch in den sauren Apfel beißen. Mein Leopold, das sage ich dir, ist großzügig und gütig. Wenn man sich in eine Hofabhängigkeit begeben will, dann ist er eine der besten Adressen, die ich kenne."

„Ich danke dir, lieber Spohr", wiederholte Andreas. „Vielleicht folge ich dir, weil es zurzeit wirklich nicht anders zu gehen scheint. Aber erzähle doch von deiner Familie. Wie geht es der schönen Harfenistin Dorette?"

Nachdem Spohr sich wieder auf die Reise begeben hatte, saßen Andreas und Magda noch lange zusammen und sprachen darüber, was getan werden konnte, was getan werden musste, wie es weitergehen sollte. Schließlich entschloss sich Andreas eine letzte Rundreise anzutreten, um andere Möglichkeiten auszuloten, bevor er sich wirklich wieder in die Abhängigkeit eines Hofes begeben wollte.

Zunächst besuchte er seinen Vater in Münster, und der riet ihm zu, die Stelle in Gotha zu nehmen. Das wäre zumindest eine Stellung, die die Versorgung der Familie absichern würde. Das sei doch leicht abzuwägen gegen eine ungewisse Freiheit. Andreas sandte also einen Brief an den Herzog Emil Leopold von Gotha und bewarb sich um Spohrs Stelle. Doch 1813 kam eine Anstellung noch nicht zustande.

Zurück in Hamburg war an weitere Reisen zunächst nicht zu denken. Der geschlagene Kaiser wollte einfach seinen Besitz noch nicht aufgeben und die französischen Truppen versuchten die Stadt zu halten. Im Januar 1814 wurde ein enger Belagerungsring der alliierten Truppen unter Beteiligung Hamburger Verbände um die Stadt gezogen und die Zustände wurden so gefährlich, dass sich Rombergs gezwungen sahen nach Altona hinaus zu ziehen. Erst als in Frankreich Ende März Paris gefallen und Napoleon nach Elba verbannt war, gab der General Davoud sein Kommando über Hamburg auf. Ab Mai gab es wieder eine hamburgische Verwaltung und man konnte sich einerseits an die Aufarbeitung der Schäden machen und andererseits wieder reisen.

Im Frühsommer organisierten die Rombergs eine Kinderfrau und instruierten Heinrich und Amalia genau. Dann fuhr Magdalena mit ihrem Andreas auf eine Urlaubsreise. Gerade nach den schlimmen letzten Monaten in Hamburg und nach den an den Nerven zehrenden Jahren der Franzosenzeit musste auch Magdalena offensichtlich etwas Erholung haben. Die vielen Schwangerschaften, die Versorgung von Mann und Kindern, das ganze Aufrechterhalten eines gutbürgerlichen Haushalts einschließlich der vielen Salon-Gespräche und Besuche hatten auch an ihren Kräften gezerrt. Zum ersten Mal seit der Hochzeitsrückreise aus Paris mit dem Schiff, gönnten sie sich gemeinsam ein wenig Sommerfrische. Die Fahrt ging zunächst nach Stralsund und dann auf die Insel Rügen. Bei herrlichem Sommerwetter fuhren sie an die Steilküste im Norden. Beseelt durch einen wunderschönen Sonnenaufgang komponierte Andreas sehr früh am Morgen das Gedicht noch einmal, das er schon auf der Hochzeitsreise damals für seine junge Frau geschrieben hatte: „O wunderschön ist Gottes Erde und wert, darauf vergnügt zu sein", diesmal als Choral für zwei Chöre. Trotz der schwierigen Zeiten, wollten sich die Rombergs das Leben nicht vermiesen lassen. Und gerade diese Reise war ein Beleg dafür, wie eng das Paar miteinander verbunden war, ungemindert nach all den Jahren.

Von Rügen ging es nach Berlin, wo Bernhard inzwischen seinen Wohnsitz hatte. Es gab ein freudiges Wiedersehen der Vettern und auch der beiden Ramcke-Schwestern. Neben einer schönen Zeit, die sie als Familie erlebten, bekam Andreas auch die Gelegenheit für zwei Konzerte in der Stadt, was die Reisekasse und auch die Versorgung der Familie in Hamburg sicherte. Dabei lernte er auch Carl Maria von Weber kennen, der zu der Zeit Operndirektor in Prag war.

Magdalena fuhr dann allein zurück nach Hamburg und Andreas schlug noch einen letzten Bogen, um Arbeitsmöglichkeiten auszuloten. Aber mehr als Konzerte in Prag auf die Empfehlung von Webers und anschließend in Leipzig kamen dabei nicht heraus.

Schließlich begab er sich Anfang Dezember auf den Weg nach Gotha, wohin ihn der Herzog gerufen hatte, um sich vorzustellen. Und nachdem er bei der Vorstellung dem hohen Herren sehr gefallen hatte und der auch ihm sehr freundlich erschien, war die Entscheidung nun doch endgültig gefallen. Er würde als Kapellmeister der Hofkapelle nach Gotha gehen. Als Zeichen seiner Gnade ließ ihm der Herzog einen Beutel mit 300 Reichsthalern überreichen. Das war in der Tat sehr großzügig und würde der Familie über den Winter helfen. So kehrte Andreas nicht völlig niedergeschlagen zurück nach Hamburg, das nun zwar wieder franzosenfrei war, aber wirtschaftlich und dadurch eben auch kulturell völlig am Boden lag. Es wurde wirklich Zeit der geliebten Stadt den Rücken zu kehren und noch einmal neu zu beginnen.

Nun saß die Familie im Schein der Weihnachtskerzen um den schön geschmückten Baum und träumte von einer besseren Zukunft.

„Ich werde Anfang des nächsten Jahres in Gotha antreten müssen", meinte Andreas, „aber wann wir einen sicheren Umzug für dich und die Kinder organisieren können, steht noch nicht fest. Das kann noch einige Wochen dauern. Ich hoffe nur, dass du dich eingewöhnen kannst. Gotha ist doch erheblich kleiner als unser Hamburg."

„Gut, dass wir nun genug Geld für Feuerholz haben", sagte Magdalena, die immer die praktischen Bedingungen für das Leben berücksichtigte. „Wir werden schon nochmal eine Weile ohne dich aushalten, mein Lieber."

„Ich hoffe sehr, dass mir meine Aufgaben und auch das regelmäßige Einkommen die Möglichkeit zum Komponieren lassen wird", wünschte sich Andreas. „Ich habe noch so viele Ideen."

„Das wird schon, Liebster", versprach ihm Magda. „Ich bin nun doch froh, dass sich eine Zukunft abzeichnet, in der wir leben können. Und ansonsten wünsche ich mir nur, immer mit dir zusammen zu sein."

„Ja, das stimmt", unterstützte Andreas seine Frau. „Du weißt immer, was das Wichtigste ist. Und ich will auch niemals ohne dich sein."

Er stand auf, küsste ihr Haar, löschte dann die Kerzen und beide brachten gemeinsam die Kinder zu Bett.

Gotha, 10.11.1821

„Der Arzt ist gekommen, Andreas“, weckte Magdalena ihren Mann aus seinem unruhigen Schlummer, „er will nach dir sehen.“

„Wenn sie nicht irgendwoher Zaubertropfen besorgt haben, wird wohl alles nichts mehr nützen, Doktor“, bemühte sich Andreas um Galgenhumor.

Der Arzt, ein älterer Herr im schwarzen Gehrock, fühlte den Puls und untersuchte die Atmung. Er legte Andreas die Hand auf die Stirn, um die Temperatur zu erspüren und fragte nach dem allgemeinen Wohlbefinden. Dann ging er mit Magdalena aus dem Zimmer.

„Meine gute Frau Romberg“, begann der Doktor, „es hat sich nichts verändert. Aber ihr Mann ist wirklich sehr schwach. Sie wissen ja, dass er in den letzten Monaten schon zweimal einen leichten Schlagfluss hatte. Einen weiteren wird er womöglich nicht überstehen. Er braucht also viel Ruhe und ihre ganze Liebe und Aufmerksamkeit. Ich sehe gerne morgen noch einmal herein.“

„Ich danke Ihnen, Herr Doktor“, sagte Magdalena, „die Amalia wird Sie zur Tür bringen. Auf Wiedersehen morgen.“ Dann ging sie wieder hinein zu Andreas.

„Ich soll dir meine ganze Aufmerksamkeit und Liebe widmen, hat der Doktor als Medizin verschrieben“, versuchte Magda einen leichten Ton zu finden, um Andreas aufzumuntern.

„Setz dich zu mir und mach die ersten Anwendungen“, bat Andreas.

Magdalena setzte sich aufs Bett und küsste Andreas sanft auf die Lippen.

„Ach, meine Magda“, seufzte Andreas, „wo wäre das Leben mit mir nur hingegangen, wenn du nicht darin gewesen wärest.“

„Und ich hätte wohl irgendeinen schleimigen Gastwirtssohn heiraten müssen, wenn ich nicht einen der besten Musiker seiner Zeit abgekriegt hätte“, fiel Magda in das Gedankenspiel ein.

„Alles hast du mir freigehalten. Immer habe ich ein schönes Zuhause gehabt. Unsere Gäste waren stets begeistert von deinen Kochkünsten und von der schönen Gastgeberin. Und erst die

Kinder. Du hast sie versorgt und betreut und zu ordentlichen Menschen herangezogen, egal, wie viele es wurden. Ich liebe dich dafür, meine beste Gattin von allen." Er tätschelte sanft ihre Hand.

„Und du hast mir immer gezeigt, dass ich dir wichtig war, ich kleines Licht aus einer Kneipe in Hamburg, egal wie groß deine Bekanntheit, dein Ruhm, deine Anerkennung waren, liebster Herr Doktor der Musik. Und unsere Kinder sind ja auch nicht nur durch Händchenhalten entstanden, nicht wahr, geliebter Mann?"

„Ja, Magda, das ist wahr. Ich konnte nie von dir lassen und du musstest dann immer wieder die Folgen austragen. Aber wie sind wir doch reich geworden mit unserer Kinderschar, auch wenn sie uns die Haare vom Kopf fressen."

Dann wurde sein Ton ernster.

„Was soll nur werden, wenn ich nicht mehr kann, was ich noch so gerne wollte."

Eine Träne rollte ihm aus dem Augenwinkel und lief über die Wange. Magdalena beugte sich zu ihm hinunter und küsste sie zart weg.

„Mach dir keine Sorgen, alles wird gut. Hab keine Angst, wir werden das schon bewältigen, wie wir es noch immer geschafft haben", flüsterte sie ihm ins Ohr.

„Ach, Magda, da habe ich dich in dieses provinzielle Gotha verschleppt aus der Weltstadt Hamburg und du bist immer zufrieden gewesen, hast nie geklagt, dich niemals beschwert. Ich liebe dich von ganzem Herzen, das weißt du."

„Aus Hamburg hat uns der Napoleon vertrieben und ich wäre dir gefolgt, wo immer es hingegangen wäre", stellte Magdalena fest. „Dass ich bei dir sein konnte, dass wir zusammen waren, das ist das Wesentliche. Und das ist so, weil ich dich auch liebe, für immer."

Magdalena stand auf.

„Ruh dich nur aus, ich bin gleich bei dir, wenn du rufst."

Sie ging hinaus in den Flur und lehnte sich gegen die Wand. Und nun rannen auch ihr die Tränen über das Gesicht und sie tupfte sie mit ihrem Taschentuch ab, als Amalia hinauf kam, um sie zum Abendessen zu holen. Sie hatte alles allein vorbereitet und jetzt saßen schon alle Kinder um den großen Tisch in der Küche und warteten auf ihre Mutter. Sie musste stark sein, stark bleiben, gerade jetzt. Mit einem Lächeln setzte sie sich zu der Schar und sprach das Tischgebet.

Gotha, Januar 1816

„Es ist schrecklich kalt, Andreas", Magdalenas Stimme zitterte, so wie sie selbst am ganzen Körper zitterte, obwohl sie in eine dicke Wolldecke eingewickelt auf der Chaiselongue lag.

Die Wohnung, die ihnen in Gotha zugewiesen worden war, war zwar ausreichend groß für die kinderreiche Familie, aber die Fenster waren doch recht zugig und der Januar war unglaublich kalt geworden. Alles fühlte sich hier in Gotha viel kälter an als in Hamburg, das durch die Nähe zum Meer die Winter doch in der Regel milder erlebte. Die Vorräte an Feuerholz gingen aber schon jetzt zur Neige und es dauerte noch einige Wochen, bis Andreas sein Jahressalär ausgezahlt bekommen würde. Das Wetter ließ zudem keine Reisen zu, um eventuell durch ein Konzert Geld für neues Feuerholz zu verdienen. Es hatte ausgiebig geschneit und eine wunderschöne weiße Schneelandschaft konterkarierte die elendige Kälte im Haus.

„Ich werde dir noch einen Tee kochen, damit du dich ein wenig von innen aufwärmen kannst", versprach Andreas und ging hinaus in die Küche. Als er zurückkam, hielt er eine große Tasse mit dampfendem Tee in der Hand.

„Ich danke dir, mein Lieber", Magda nahm die Tasse entgegen und blies in den aufsteigenden Dampf. „Es ist auch nicht nur die äußere Kälte, die mir zu schaffen macht. Ich bin so weit fort von zuhause und nun auch noch ohne den armen Junius. Es fühlt sich an, als sei mein Innerstes zu Eis erstarrt."

„Fast ein Jahr ist Gotha nun schon unser Zuhause und du empfindest immer noch Hamburg als deine Heimat", stellte Andreas fest. „Bereust du den Umzug nun doch?"

„Es war vernünftig und richtig, dass wir diesen Schritt gemacht haben, aber vom Gefühl her fällt es mir unheimlich schwer, hier anzukommen", gestand Magdalena. „Dabei hat der Umzug im letzten Frühjahr gut geklappt und das Geld, das der Herzog uns dafür zukommen lassen hat, hat auch gereicht. Und das schöne Abschiedskonzert, das du für alle Hamburger Freunde und mit ihnen zusammen gegeben hast wird mir ewig in Erinnerung bleiben, auch das von Bernhard ein paar Tage später, bei dem du mitgespielt hast. Aber dann war es ein ordentliches Stück Arbeit, aus diesen Räumen hier in Gotha eine Höhle zu bauen, die unseren Hamburger Wohnungen halbwegs gleichwertig sein konnte."

„Und wieder ist dir das gelungen, mein Schatz", lobte Andreas, „ich fühle mich hier schon ganz wohl, vor allem aber, weil ich dir und den Kindern nahe sein kann."

„Ja, es war schön, dass du im ganzen vergangenen Jahr nicht gereist bist und bei mir warst", stimmte Magdalena zu. „Und das Ergebnis war dann auch gleich der kleine Junius, der arme Wurm. Der Herzog und die Wangenheims haben gütig seine Patenschaft übernommen. Das war wirklich ein Zeichen dafür, dass man dich gern hat hier in Gotha. Aber nun hat er uns schon wieder verlassen gleich am Tag nach Neujahr. Wie schwierig es war, ihn unter die gefrorene Erde zu bekommen. Den Stein kannst du wohl erst in ein paar Wochen setzen lassen."

„Das stimmt, aber ich habe dem Steinmetz schon den Auftrag erteilt und den Spruch aufgeschrieben", erklärte Andreas.

„Auch weinend beten wir ihn an, den Vater, der ihn uns gab und der ihn uns nahm – schön hast du das aufgesetzt, Liebster. Ich habe nie bereut, einen Katholischen geheiratet zu haben. Dein Glaube hat auch mich immer wieder bestärkt."

„Ja, aber der Glaube allein ernährt nicht die Familie", kam Andreas wieder auf die permanente Geldnot zu sprechen. „Louis hat nur 731 Thaler bekommen und mein Gehalt beträgt 1000 Thaler, und das ist ein wirklich ordentliches Gehalt für einen Musiker. Aber Louis hat auch nur drei Töchter und ich habe ohne den armen Junius immer noch sieben Kinder. Ich muss dem Herzog schreiben. Wir leben wirklich sparsam. Aber wir wollen auch unseren in Hamburg gewonnenen Lebensstil nicht aufgeben. Solche Salons wie in

Hamburg betreiben wir sowieso schon nicht mehr hier, aber ich finde es wichtig, dass man sich auch hier trifft unter Musikern und kulturell Interessierten und deshalb möchte ich unsere Salons nicht aufgeben. Nur, es reicht eben nicht vorn und hinten. Er muss noch einmal erhöhen."

„Er ist uns doch wirklich wohlgesonnen", meinte auch Magdalena, „und auch wenn Gotha immer noch die Schäden und Verluste aufarbeiten muss, die die Soldateska nach der Völkerschlacht auch hier hinterlassen hat, würde der Herzog doch bei einer Aufstockung deines Gehaltes nicht gleich am Hungertuche nagen. Ich weiß, wie schwer dir solch ein Brief fallen muss, nachdem du in Hamburg so lange in Freiheit und Unabhängigkeit gelebt und gearbeitet hast, aber schreib recht liebenswürdig, es muss ja nicht gleich untertänig sein, mein Liebster."

„Trotz Trauer und Kälte bist du immer noch die vernünftige, die treusorgende, die einsichtige, die beste aller Ehefrauen. Wenn ich dich nicht hätte", seufzte Andreas. „Ja, ich werde schreiben. Gleich nachher. Sorgen macht mir auch weniger der Herzog, als dieser Graf von Salisch, unser Intendant der Hofkapelle. Es stimmt ja, recht schnell haben wir auch hier in Gotha einige Freunde gewinnen können, aber er gehört nicht dazu. Er ist neidisch auf meinen Einfluss und mein Gehalt. Er wird meine Wünsche beim Herzog nicht unterstützen. Aber egal, schreiben muss ich trotzdem. Es kann nicht am Ende jedes Jahres wieder so leer in der Haushaltskasse aussehen wie jetzt."

Andreas umarmte und küsste seine Frau, die sich immer noch die Hände an der Teetasse wärmte, und ging hinüber in sein Arbeitszimmer. Dort musste er sein Pult zunächst von etlichen Notenblättern befreien und ein Stück Briefpapier suchen, bevor er sich an das so wichtige Schreiben machen konnte, dessen Formulierung ihm mehr Kopfzerbrechen bereitete, als ein ganzes Streichquartett.

Er zog eine Wolldecke um die Schultern, griff zur Feder und begann zu schreiben.

Gotha, Herbst 1820

„Du siehst noch nicht wieder gut aus, Liebster. Meinst du wirklich, dass du dich schon wieder an dein Schreibpult begeben kannst? Der Doktor sagte, dass du den, wenn auch kleinen, Schlagfluss sehr ernst nehmen sollst und vor allem Ruhe brauchst."

Magdalena war hinter ihren Mann getreten, der eifrig an einem Werk für Solisten, Chor und Orchester schrieb, das die Überschrift „Grabgesang" trug.

„Ich muss das hier noch einmal überarbeiten, dann können wir es vielleicht zum Abschluss des Kirchenjahres aufführen. Es geht mir gut, mach dir keine Sorgen. Hier fühle ich mich am wohlsten, wenn ich schreiben kann." Andreas tätschelte die Hand seiner Frau, die ihm auf der Schulter lag.

„In letzter Zeit hast du so oft hier in deinem stillen Zimmer gesessen und komponiert und nun schreibst du so viele geistliche Stücke und trägst Gedanken an den Tod mit dir. Das macht mir ein wenig Angst", sagte Magda besorgt.

„Ach was, Unkraut vergeht nicht", wischte Andreas ihr Bedenken mit einer Handbewegung weg. „Ich verspreche dir auch, dass ich im nächsten Jahr weniger reisen werde. Ich habe nur noch ein paar versprochene Termine zu erfüllen, dann soll es erst mal gut sein und ich nehme nichts Neues mehr an. Der Heinrich wird mich wieder begleiten. Das entlastet mich, er kann so weiter Erfahrungen sammeln und ich habe angenehme Gesellschaft."

„Ach, mein Liebster, du hast dich immer um uns alle gekümmert und nie an dich selbst gedacht", bescheinigte Magdalena ihrem Mann. „Und mit Serena Emilia und dem kleinen Andreas sind es nun neun Mäuler, die gestopft werden müssen. Und ich habe es dir noch nicht sagen mögen, aber ich glaube, es wird noch ein zehntes hinzukommen im nächsten Sommer."

Jetzt legte Andreas doch die Feder zur Seite und drehte sich zu seiner Frau um.

„Liebste Magda, du weißt wie ich dich liebe und du weißt auch, dass ich jedes unserer Kinder liebe und auch das lieben werde, das da kommen soll. Es betrübt mich nur, dass ich dich jedes

Mal wieder mit einer Schwangerschaft belaste, wenn wir uns so lieb gehabt haben."

„Ich bin eben eine alte Mutterglucke, das scheint meine wichtigste Aufgabe zu sein."

„In meinen Augen wirst du nie alt sein und als Glucke für unsere Kinder kann ich mir niemand besseren vorstellen als dich." Andreas küsste zärtlich Magdalenas Hände.

„Wenn der alte Herzog doch nur einsehen würde, dass Kinder auch Kosten verursachen. Warum hat er dir das Gehalt nicht erhöht, obwohl du ihn so eindringlich gebeten hattest?" Magdalenas Stimme klang zornig.

„Du weißt ja, ich glaube immer noch, dass ihn der Salisch dahingehend beraten hat. Immerhin hat er mir ja aber großzügig Urlaub gewährt, damit ich auf Konzertreisen gehen konnte. So hat es immer gerade noch gereicht."

„Aber die Reiserei hat über die Jahre deine Gesundheit ruiniert", argumentierte Magda, „und wenn du jetzt nicht mehr reisen kannst, weiß ich nicht recht, wie es weiter gehen soll."

„Ich muss vielleicht doch wieder mehr Schüler nehmen", schlug Andreas vor, „aber wenn ich ehrlich bin, macht mir das Unterrichten keine rechte Freude mehr. Und ich muss eingestehen, ich spiele nicht mehr so wie früher und die Leute wissen das und schicken mir ihre Kinder nicht so ohne weiteres als Schüler. Auch Konzerttermine bekomme ich hauptsächlich aus alter Freundschaft und weniger durch meinen Ruhm. Zum Glück hat mir der Schlag meine Fingerfertigkeit nicht zusätzlich beeinträchtigt." Andreas schmunzelte vor sich hin. „Gott wird es schon richten. Und zur Absicherung schreibe ich mein geistliches Zeug und danke ihm schon mal im Voraus."

„Ach, Andreas, du und dein Gottvertrauen", Magdalena schmiegte sich an ihn. „Aber schreib bitte nur bis zum Mittag, ja? Eins der Kinder wird dich dann zum Essen holen."

„Ist in Ordnung", murmelte Andreas und widmete sich dabei schon wieder seinem Grabgesang.

Magdalena ging leise aus dem Zimmer.

Gotha 10.11.1821

„Wie steht es um ihn?", wollte Bernhard sogleich wissen, als er spät am Abend durch die Haustür eintrat, noch ehe er Magdalena begrüßte und während er sich aus dem Mantel schälte und seinen vom Regen nassen Hut ausschlug.

„Gut dass du endlich kommst, er fragt schon den ganzen Tag nach dir. Ich komme um vor Sorge", beantwortete Magdalena Bernhards Frage nur indirekt.

„Die Postkutsche kam bei dem Wetter nur schwer voran. Ich saß wie auf Kohlen", entschuldigte sich Bernhard. „Ich grüße dich von Anna Katharina und den Kindern. Sie ist auch sehr besorgt."

Beide gingen hinauf in das Schlafzimmer, wo Andreas erschöpft in den Kissen aufgerichtet saß.

„Bernhard, Bernhard, mein Bruder", rief er ihm die Arme entgegenstreckend. „Endlich bist du da. Ich habe durchgehalten, ich habe gehofft, dass du noch rechtzeitig kommst."

Bernhard setzte sich zu Andreas aufs Bett und umarmte ihn wortlos. Beiden Männern und auch Magdalena, die mit hinzugetreten war, liefen Tränen über die Gesichter.

Als sie sich voneinander gelöst hatten, war Andreas wieder ruhig und gefasst.

„Diese letzte Reise werde ich wohl auch ohne dich machen müssen, mein Lieber", begann Andreas nun und allen wurde deutlich, dass er seinem Lebensende bewusst, ruhig und wissend entgegen ging. „Als wir noch jung waren und gemeinsam gereist sind, nach Amsterdam mit den Vätern, nach Paris mit unseren Frauen und nach Rom und Wien, habe ich die Postkutschen auch schon gehasst, aber in deiner Gesellschaft war das nebensächlich. Diese letzten Jahre der Konzertreisen um des Überlebens willen waren unerträglich und haben mich letztlich nur hierher gebracht, aufs Sterbebett."

„Ach, Andreas, es fällt mir schwer, das von dir zu hören", sagte Bernhard leise und zog noch einmal sein weißes Tuch aus der Tasche, um sich damit über das Gesicht zu fahren. „Ja, das sind schöne Erinnerungen, unsere gemeinsamen Fahrten. Aber in den letzten zwei Jahrzehnten mussten wir uns getrennt durchs Leben schlagen."

„Du hattest dabei immer etwas mehr Glück als ich, mein Bester", meinte Andreas. „Du warst als Virtuose und Lehrer anerkannter und konntest genug zurücklegen, um eine neue Existenzgrundlage zu schaffen."

„Ja, die Planungen meiner Klavierfabrik in Hamburg laufen ganz gut", bestätigte Bernhard. „Im nächsten Jahr werden wir wohl richtig loslegen können. Ich habe meinen Sohn Andreas jetzt nach Berlin geschickt zum Klavierbauer Kistling. In Münster hat das nicht geklappt. Jetzt, wo unsere gute alte Hansestadt nach der Franzosenkatastrophe langsam wieder in Schwung kommt, werde ich auf meine alten Tage noch Fabrikant."

„Für mich ist das leider zu spät", klagte Andreas. „Wie gerne wäre ich wieder zurück nach Hamburg gegangen, schon wegen Magda. Aber die Leute hier haben mich auch sehr gut behandelt, so ist das nicht."

„Ich muss nachher natürlich unbedingt nach der kleinen Sophie Charlotte schauen", lenkte Bernhard das Gespräch auf ein anderes Thema. „Liebe Magdalena, geht es deinem nun zehnten Kind gut?"

„Nun ja", erklärte Magdalena, „sie ist doch sehr klein, die Schwangerschaft war diesmal wirklich anstrengend und unsere Lebensumstände nicht wirklich gut. Wir werden sehen."

„Bernhard", ergriff Andreas wieder das Wort und auch die Hand seines Vetters, „Bernhard du musst dich um Magda und die Kinder kümmern, kannst du mir das versprechen? Wie soll ich sonst in Ruhe scheiden?"

„Mach dir darüber keine Sorgen", beruhigte Bernhard ihn sofort. „Du kannst dich auf mich verlassen, so wie im ganzen Leben, also auch darüber hinaus."

„Ich habe immer nur Neues schaffen wollen. Die Kunst war mein Antrieb im Leben. Und eine Zeitlang schien es so, als könnte ich davon leben, was mir das Liebste war, komponieren und musizieren. Aber die Welt hört nicht auf die Musik, sie hört auf Kanonendonner und Machtgeschrei und trug das alles auch in mein Leben hinein, so dass ich fliehen und verkümmern musste in der

Abhängigkeit. Ach, Bernhard, all die Träume sind zerfleddert und verkommen. Und nun liege ich hier und warte auf das Ende." Andreas' Stimme wurde kraftlos und brach.

Magdalena kniete sich auf die andere Seite des Bettes und griff nach Andreas' Hand.

„Verlass mich nicht. Wie soll ich ohne dich leben?", flehte sie. „Entschuldige meine Bitterkeit, geliebte Frau", wendete sich Andreas ihr zu. „Du bist das Wichtigste in meinem Leben gewesen. Ohne dich hätte ich es nicht ertragen und nur für dich und die Kinder habe ich es ertragen. Halte dich an Bernhard. Er ist die zweite bessere Hälfte in meinem Leben gewesen. Er wird euch helfen."

Ein krampfartiges Zucken schüttelte Andreas' Körper und er versuchte sich dagegen aufzubäumen, fiel dann aber kraftlos in die Kissen zurück.

„Meine Geige, meine Musik", flüsterte er kaum hörbar, „meine Familie, mein Bernhard... mein Gott." Der Körper entspannte sich, Andreas schloss die Augen und ein letzter Atemzug drang aus seiner Brust. Dann war es völlig still im Zimmer.

Gotha, Ende November 1821

Die Beerdigung war von vielen Menschen aus Gotha besucht worden, nicht nur Freunden der Familie Romberg, sondern auch Verehrern von Andreas' Musik und Besucher seiner Konzerte nahmen Abschied von ihrem Hofkapellmeister. Im Anschluss an die Beisetzung trafen sich Verwandte und Freunde im Haus Romberg und standen in Gesprächen beieinander. Bernhard, der natürlich in Gotha geblieben war, aber auch seine Frau und Magdalenas Schwester Anna Katharina nachgeholt hatte, trat auf einen seriösen älteren Herrn zu.

„Herr Hofrat Becker, ich freue mich, Sie kennenzulernen", begrüßte er ihn mit Handschlag. „Mein Vetter hat Sie in seinen Briefen immer mit besonderer Hochachtung erwähnt. Sie sind ihm ein guter Freund gewesen in der letzten schweren Zeit."

„Ach, Herr Romberg, nur zu gerne habe ich ihm beigestanden“, meinte Becker. „Wieviel Freude hat er mir und uns hier in Gotha mit seiner Musik gebracht. Und was für ein lieber Mensch ist er selbst auch gewesen. Es war für mich eine Ehre, mich seinen Freund nennen zu dürfen.“

„Herr Hofrat, verzeihen Sie, dass ich Sie so direkt darauf anspreche, aber schauen Sie sich meine liebe Schwägerin an. Sie scheint nicht nur so bedrückt zu sein, weil ihr der Mann gestorben und ihren Kindern der Vater genommen ist, mir scheint, sie ist regelrecht verzweifelt. Vielleicht wissen Sie ja besser, wie es um die Familie jetzt steht als ich.“

„Nun, tatsächlich ist es so, dass die finanziellen Mittel völlig aufgebraucht sind. In den letzten Monaten kam ja gar nichts mehr herein, weil er keine Konzerte mehr geben konnte und Sie wissen selbst, dass das fürstliche Jahressalär schon im Spätsommer nicht mehr reichte. Der Fürst hat zwar der Witwe hundert Taler zukommen lassen und ein handsigniertes Kondolenzschreiben, aber davon wird sie die zehn Kinder nicht lange ernähren können. Wenn die Familie Wenige - dahinten sehen Sie das Ehepaar bei Ihrer Schwägerin stehen - also wenn sie nicht ihre Familiengruft für eine Bestattung zur Verfügung gestellt hätten, wäre unser lieber Andreas womöglich noch wie Mozart im Armengrab geendet. Übrigens sind die Weniges evangelisch. Ich weiß, wie wichtig Andreas sein katholischer Glaube gewesen ist, aber nun wird er wohl nichts dagegen haben in einem evangelischen Grab guter Freunde zu liegen zu kommen.“

„Nein, das denke ich auch. Schließlich hat er ja auch ohne Probleme jahrelang an einem evangelischen Hof gearbeitet. Und die Musik schert sich nicht um die Konfession“, bestätigte Bernhard. „Aber der existenzielle Zustand der Familie meines Bruders ist ja doch erschreckend. Was können wir denn nur für die Arme tun?“

„Also, es ist gut, Herr Romberg, dass wir gerade darüber sprechen können“, ging Becker auf Bernhards Frage ein. „Ich habe hier in Gotha schon die Vorbereitungen getroffen für ein Benefiz-Konzert. Die Einkünfte wollen wir voll Ihrer lieben Schwägerin zur Verfügung stellen. Und es wäre natürlich vortrefflich, wenn Sie die musikalische Organisation dieses Konzertes übernehmen und selbst einen Teil beitragen könnten. Der Chor ist seit gestern schon bei den Proben für das „Lied von der Glocke“, das in Hamburg doch immer so ein großer Erfolg war, wie mir Ihr Bruder mit glänzenden Augen berichtet hat. Ach, es ist zu traurig, dass er so früh von uns gehen musste.“

„Ich merke nun erst recht, was für ein guter Freund Ihr meinem Andreas gewesen seid, Herr Hofrat“, sagte Bernhard mit ehrlicher Überzeugung. „Und gewiss bin ich dabei. Ich bleibe sowieso noch einige Tage. Ich muss mit Anna Magdalena reden, wie es mit ihren Kindern werden soll. Ich bin inzwischen wieder in Hamburg und ich denke, es wäre auch für sie das Beste, dorthin zurückzukehren. Aber natürlich muss sie das selbst entscheiden. Inzwischen werde ich Ihnen so gut ich kann bei den Konzertvorbereitungen helfen.“

„Ich habe mir sogar gedacht, verzeihen Sie, wenn ich Sie damit überfalle, aber es wäre doch denkbar, dass auch anderswo solche Konzerte möglich wären“ erklärte der Hofrat. „Sie haben doch die Kontakte zu Ihren Musikerkollegen. Ich kann mir gut denken, dass auch diese im Angedenken an Ihren beliebten Bruder der Familie gerne helfen möchten.“

„Sie haben vollkommen Recht, Herr Hofrat“, gab Bernhard zu, „und ich werde morgen gleich einmal ein paar Briefe schreiben, nach Hamburg selbstverständlich und auch nach Münster natürlich, auch in Bonn leben noch einige von den Jugendfreunden, mit denen wir damals musizierten. Es ist eine vortreffliche Idee, mein lieber Hofrat. Aber, entschuldigen Sie bitte, nun muss ich doch noch einmal hinüber und meiner Frau helfen ihre Schwester zu trösten. Und bei den Weniges will ich mich auch gleich bedanken für ihre großzügige Geste. Es ist so schön zu erfahren, dass die wenigen Jahre, in denen mein lieber Andreas hier gelebt und gekämpft hat, zu solch warmen menschlichen Beziehungen geführt haben. Hoffen wir, dass mit den Konzerten auch seine Musik in der Erinnerung gehalten wird.“

Bernhard ging hinüber zu Anna Magdalena und Anna Katharina und dem Ehepaar Wenige und bedankte sich herzlich und gab auch gleich die neuen Informationen weiter, die er von Hofrat Becker erhalten hatte.

Das Konzert in Gotha wurde ein voller Erfolg und füllte die Herzen der Familie Romberg und half mit seinen Einnahmen zudem die ärgsten finanziellen Probleme zu bewältigen. Auf Bernhards Betreiben folgten ähnliche Veranstaltungen in Münster, wo das Konzert natürlich hauptsächlich von den musizierenden Familienangehörigen der Rombergs gestaltet wurde, und in Hamburg, aber auch in Frankfurt, Köln, Berlin und Osnabrück wurde Andreas und seiner Musik gedacht, schließlich sogar in London. Andreas Romberg war in seiner Zeit ein anerkannter und beliebter Komponist, wie sich zeigte.

Hamburg, Sommer 1827

Die Postkutsche war vorgefahren vor der neuen Wohnung der Familie Romberg in Hamburg, nicht weit entfernt von der Wohnung Bernhards und Katharinas. Die Reisekoffer wurden auf dem Dach der Kutsche verstaut. Alle acht Geschwister standen gemeinsam mit der Mutter um Heinrich herum, die kleineren auf dem Arm oder an der Hand der größeren. Die kleine Charlotte war noch im Januar 1822 in Gotha gestorben und dem Grab ihres Vaters beigelegt worden.

„Dass du mir nicht vergisst, Herrn Hartmann herzlich von mir zu grüßen und dich anständig zu bedanken", sprach Magdalena Romberg ihren ältesten Sohn Heinrich an. „Du warst noch sehr klein, als er bei uns in Hamburg als Schüler deines Vaters ein und ausging. Er war einer seiner besten und ein wirklich liebenswerter Mensch. Das zeigt sich ja auch nun, indem er dich in St. Petersburg in seinem Orchester an der Oper anstellen will. So zahlt sich der gute Unterricht deines Vaters sowohl bei ihm als auch bei dir aus."

„Ja, das stimmt", sagte Heinrich. „Ich will auch versuchen, euch regelmäßig einen Teil meines Gehaltes zukommen zu lassen, wenn ich schon nicht mehr als Ältester hier in Hamburg für euch sorgen kann."

„Ach, mein Junge", seufzte Magdalena, „es ist so weit weg von hier. Aber ich bin sicher, dass du deinem Vater Ehre machen wirst und ich stolz auf dich sein kann."

„Ich war ja auch schon das ganze letzte Jahr auf Reisen", merkte Heinrich an, „so groß ist der Unterschied für dich auch nicht, Mutter."

Bernhard und Katharina kamen etwas außer Atem heran.

„Fast hätten wir es nicht mehr geschafft", rief Bernhard schon aus einiger Entfernung.

Die Erwachsenen begrüßten sich herzlich mit Umarmungen und auch die Kinder wurden getätschelt und geküsst.

„Nun geht es los", wendete sich dann Bernhard an Heinrich, „zum ersten Mal hinaus in die weite Welt. Ich wünsche dir alles Gute und viel Erfolg und grüß mir den guten Hartmann."

„Danke, Onkel Bernhard", antwortete Heinrich, für den Bernhard immer schon sein „Onkel" gewesen war, „ich werde den Namen Romberg auf meiner Geige weiter hinaustragen und dabei immer meines Vaters gedenken. In Paris habe ich das ja schon getan und nun geht es in die andere Richtung nach St. Petersburg."

„So ist es recht", sagte jetzt auch Katharina und nahm ihren Neffen in den Arm, „der Name Romberg hat genug Kraft, um auch im fernen St. Petersburg schön zu klingen."

Der Kutscher trat hinzu und bat darum losfahren zu können, damit die nächste Station noch vor Einbruch der Dunkelheit erreicht werden könnte. Also stieg Heinrich nach einer letzten Umarmung seiner Mutter in die Kutsche und schloss die Tür hinter sich. Sogleich aber lehnte er sich aus dem Fenster und winkte solange, bis die Kutsche um eine Gebäudeecke fuhr und er außer Sicht geriet.

„Ansonsten geht es euch gut?", wollte Bernhard wissen und auch Magdalena ablenken, die sich letzte Tränen mit ihrem Tuch aus den Augen wischte.

„Ich danke dir Bernhard", antwortete sie, „die Geldgeschenke von den vielen Benefizkonzerten im Gedenken an meinen lieben Andreas haben uns wirklich über den Berg geholfen. Als wir vor fünf Jahren von Gotha hierher zogen, habe ich mir das nicht vorstellen können. Und dass wir nun so nah zusammen wohnen, so nah bei meiner Schwester, ist wirklich tröstlich."

„Das ist auch für mich das Gute an der sonst so tragischen Geschichte", bestätigte Katharina. „Ich habe meine Schwester so vermisst, das merke ich erst jetzt, seit ich dich wieder habe und deine Kinder aufwachsen sehen kann."

„Ich habe versucht, die Noten von Andreas zu ordnen", meinte Magdalena jetzt, „aber ich weiß einfach nicht genug davon. Ich würde mich sehr freuen, wenn du dir etwas Zeit nehmen könntest, Bernhard, um mir dabei zu helfen."

„Das tue ich doch gerne", zeigte sich Bernhard dazu bereit, „da sind auch noch ein paar Sachen drunter, die wir gemeinsam geschrieben haben und ich könnte mir dann Kopien davon machen. Wie wäre es am Sonntag nach der Messe und einem guten Mittagessen bei einer Tasse Kaffee?"

„Das wäre herrlich", sagte Magdalena, „die Familien Romberg wieder zusammen, alle, die noch da sind. Ich freue mich darauf."

Bernhard und Katharina verabschiedeten sich und gingen hinüber zu ihrer Wohnung. Magdalena half dabei, alle Kinder ins Haus zu bekommen. Hamburg hatte sie wieder und das Leben musste auch ohne Andreas weitergehen.

Vom Vergessen und Erinnern

Das Leben ging weiter, für Magdalena noch vierzig Jahre ohne ihren Andreas. Sie starb 1861 in Hamburg. Bernhard lebte zwanzig Jahre länger als sein Vetter und starb 1841 in Hamburg. Vier Kinder von Andreas und Anna Magdalena gingen vor ihrer Mutter. Henrietta Wilhelmine Christel starb mit nur sechzehn Jahren 1829 in Hamburg, Ernst August, der zweitälteste Sohn, vier Jahre später ebenfalls in Hamburg und der jüngste Bruder, Andreas, den es nach Rio de Janeiro verschlagen hatte, 1840. Heinrich blieb bis 1848 in St. Petersburg, kehrte dann nach Hamburg zurück und starb dort zwei Jahre vor seiner Mutter, 1859. Cipriano ertrank 1865 in Hamburg, Johanna Henriette, die einen Herrn Hach geheiratet hatte, schon 1862 in Bremen. Albertine Johanna Theresia und Serena Emilia, die übrigens 1844 Ferdinand Romberg, einen Sohn Bernhards geheiratet hatte, blieben in Hamburg und starben dort 1879, beziehungsweise 1894.

Nach den Benefizkonzerten wurde es stiller um die Aufführungen von Andreas Rombergs Werken. Bernhard wird noch eine Zeitlang die Doppelkonzerte für Geige und Cello gegeben haben, auch „Das Lied von der Glocke“ wurde in Hamburg immer wieder mal aufgeführt und übrigens auch 1826 in Münster, geleitet von Heinrich Romberg. Aber Andreas' Violinkonzerte und seine Streichquartette tauchten irgendwann gar nicht mehr in Konzertprogrammen auf. Der Teil seiner Werke, der gedruckt wurde, ist zudem recht übersichtlich. Mit Breitkopf hatte Andreas sich früh überworfen, weil er sich durch deren Anteilforderungen ausgebeutet fühlte und der liebe Freund Simrock hatte mit seinem kleinen Verlag auch nicht die Möglichkeiten Andreas' Werke weit zu verbreiten. Viele Handschriften verschwanden in, zumeist ostdeutschen, Archiven, wo sie zu Zeiten der DDR nur schwer aufgespürt werden konnten und noch schwerer zu bergen waren. Das verbesserte sich dann nach der Wende glücklicherweise.

Seit 1967 wurde in Vechta, seinem Geburtsort, das Werk Andreas Rombergs durch private Einzelinitiativen und später die Übernahme der Forschung durch die Universität wieder hervorgehoben aus dem langen Vergessen. Die Aktivitäten führten schließlich zu einer Reihe von Konzerten und deren Mitschnitt auf CD, wofür die mühevolle Übertragung der Handschriften mit Hilfe von Computernotenprogrammen notwendig war, die schließlich aber auch zu einer Edition von Neudrucken etlicher Kompositionen führte.

Andreas Romberg war in seiner Zeit ein bekannter und anerkannter klassischer Komponist. Seine Freundschaft mit Haydn und Louis Spohr belegen das ebenso wie die vielen Konzertprogramme und Kritiken, die von seiner Tätigkeit berichten.

Das Schicksal und das Glück begünstigen den einen, während sie dem anderen nicht weiterhelfen. Ein Johann Sebastian Bach war auch für Jahrzehnte nur noch Fachleuten und Kennern bekannt, bevor Felix Mendelssohn-Bartholdy ihn aus seiner Vergessenheit riss und bis heute zu Recht erstrahlen ließ.

Es ist aber nicht nur das Glück, welcher Musiker aus der zweiten Reihe es über die Zeiten schafft, bekannt zu bleiben. Andreas Romberg lebte zu Zeiten des Wandels des Musikerberufes. Die feste Anstellung an einem Hof war nicht mehr die einzige Möglichkeit, den Lebensunterhalt zu bestreiten. Die sich entwickelnde bürgerliche Gesellschaft bot den Musikern neue Möglichkeiten durch Konzerte in neu entstandenen Konzerthallen und Veröffentlichungen zu verdienen und bekannt zu werden. Mozart hatte das 1780 zuerst versucht und war noch gescheitert, wenn auch nicht wegen des Bekanntschaftsgerades seiner Musik, sondern aus verschiedenen anderen Gründen. Der Freund Haydn hatte es geschafft, wenn auch erst in fortgeschrittenem Alter. Und der Bonner Mitstreiter Beethoven war trotz seiner krankheitsbedingten Schroffheit doch bis ans Lebensende umschwärmt und begehrt.

Andreas Romberg musste aber jahrzehntelang gegen den Lauf der Geschichte und das heißt gegen die französische Invasion Europas durch Napoleon ankämpfen, was ihn schließlich gerade in seiner erfahrenen Schaffensperiode in das provinzielle Gotha und eine Hofkapellmeisterstelle trieb. Hätte er weiter in einem prosperierenden Hamburg wirken können, wer weiß, ob er länger gelebt, länger gearbeitet hätte und darüber bekannter geblieben wäre? Doch so war es nicht. Dennoch hat er durchaus verdient als das bekannt und anerkannt zu bleiben, was er war – ein wahrer Künstler.

Einleitung

Emilie Mayer war eine außerordentlich bemerkenswerte Frau und es ist nur schwer fassbar, warum sie und ihre Musik heute kaum jemand kennt. Emilie hatte keinerlei musikalischen Hintergrund, die Familienangehörigen waren Apotheker und Ärzte. Ein Klavier, das sie mit fünf Jahren geschenkt bekam, war der Auslöser für ihren unumstößlichen Wunsch, Komponistin zu werden und das in einer Zeit, dem 19. Jahrhundert, in der sich Männer Frauen als Komponistinnen kaum vorstellen konnten. Lediglich als Frau von (Klara Schumann) oder Schwester von (Fanny Hensel-Mendelssohn) gab es einige Gegenbeispiele.

Emilie Mayer verwirklichte ihren Lebenstraum erst relativ spät, nachdem ihr Vater starb und sie konnte sich dies auch nur leisten, weil sie von ihm mit Vermögen ausgestattet wurde. Dann aber ließ sie sich konsequent ausbilden, zunächst von Loewe in Stettin, später von Marx in Berlin und erarbeitete sich ihren Erfolg. Dafür verzichtete sie bewusst auf eine eigene Familie, wurde aber immer unterstützt von den Geschwistern. Ihre leider nicht mehr vollständig erhaltenen Werke werden jetzt zu recht wieder entdeckt. Almut Runge-Woll schrieb 2003 ein musikwissenschaftliches Buch über Emilie Mayer, dessen biografische Ausführungen Grundlage für den folgenden Text waren.

1. Das Kind

Er hielt das Neugeborene eng an seine Brust geschmiegt und ging mit ihm in seinem Arbeitszimmer auf und ab. Er versuchte ein Kinderlied zu summen, wenn das Baby anfing zu quengeln, aber dabei schossen ihm immer wieder die Tränen in die Augen und es endete in einem melodiösen Schluchzen.

Zum zweiten Mal hatte das Schicksal ihm so übel mitgespielt. Auch seine zweite Frau hatte das Kindbett nicht überlebt. Aber diesmal schien wenigstens das kleine Mädchen kräftig und überlebensfähig zu sein. Die kleine Friederica damals, benannt nach ihrer Mutter, war dieser nur ein halbes Jahr später gefolgt.

Auch das Neugeborene sollte den Namen der Mutter bekommen, allerdings jeweils mit einem „e“ hinten, also Henriette Caroline Louise. Johann August ging mit dem Kind auf dem Arm hinüber ins Kinderzimmer. Da lagen sie alle sanft schlafend und ruhig atmend. Carl Friedrich, schon dreieinhalb Jahre alt, Alexander Friedrich, jetzt Eineinhalb, und Emilie Louise, etwas älter als zwei Jahre. Vier Kinder in nicht einmal vier Jahren. Hatte er seiner Henrietta zu viel zugemutet? Aber die Kinder waren auch Ausdruck seiner großen Liebe und des Trostes, den er in ihr gefunden hatte, nachdem er mit seiner ersten Frau, Friederica, kaum zwei Jahre verheiratet gewesen war.

Fünf Kinder hatte er nun, denn das erste Kind von Friederica, Friedrich August, sein Ältester, war inzwischen zehn und besuchte mit gutem Erfolg das Gymnasium in Friedland, das viele immer noch „Gelehrtenschule“ nannten. Er wollte sie alle wohl versorgen, denn das konnte er. Seine Apotheke, die „Ratsapotheke“ war wegen des gesetzlichen Monopols die einzige in Friedland und warf entsprechenden Gewinn ab. Aber ob er noch einmal heiraten würde, war ihm nicht so klar. Johann August Friedrich Mayer war zwar mit siebenunddreißig noch in den besten Mannesjahren, aber sich erneut auf eine Liebe einzulassen, nachdem seine große Liebe gestorben war, konnte er sich nicht recht vorstellen. Und noch mehr

Kinder? Und womöglich noch wieder ein Verlust im Kindbett? Er wollte das nicht mehr ertragen.

Aber eine zweite Kinderfrau musste er einstellen. Die liebe alte Gertrude schaffte das nicht mehr alleine. Eine jüngere musste her. Johann August brachte die kleine Henriette in das Zimmer von Gertrude, wo er sie behutsam in ihrer Wiege ablegte. Dann ging er zurück in sein Arbeitszimmer und machte sich Notizen zur Beerdigung seiner Henrietta. Morgen früh würde der Bestatter kommen. Auch die Tränen kamen wieder und fielen auf das Papier und verwischten die Tinte.

Emilie liebte ihren Vater sehr. Lange war ihr gar nicht bewusst gewesen, dass sie gar keine Mutter hatte. Sie wurde umsorgt und gehegt, gefüttert, gebadet und hübsch angekleidet. Die alte Gertrude war immer für sie da, aber genauso auch für die Geschwister. Aber noch lieber mochte Emilie die junge Regina. Und die erwiderte ihre Zuneigung auch gleichermaßen. Besonders gefiel Emilie, dass auch der Vater Regina wohl mochte. Oft flüsterten sie ganz vertraut miteinander und manchmal sah Emilie, wie der Vater Regina bei der Hand nahm. Und dann waren sie für einige Zeit verschwunden. Als Emilie auf ihren vierten Geburtstag zuging, bekam Regina einen Bauch, der mit den Wochen und Monaten anschwoll. Regina mit den Armen umschlingen und das Köpfchen an diesen prallen Bauch zu legen war Emilies Schönstes. Und manchmal schien der Bauch zu reagieren und sie spürte sanfte Bewegungen an ihrem Gesicht.

Aber dann war Regina von einem Tag auf den andern aus ihrem Leben und aus dem Apothekenhaushalt verschwunden. Und niemand wollte ihr richtig Auskunft geben warum und wohin. Erst viel später, als sie längst erwachsen und die Erinnerung an Regina nur noch ein leises, schmerzliches Sehnen war, erfuhr sie, dass der Vater sich nicht hatte entscheiden können, Regina Becker zu ehelichen. Stattdessen musste sie gehen. Sie und ihr unehelicher Sohn Johann Carl, wurden zwar versorgt, aber die Hoffnung, die Frau des Apothekers zu werden, hatte sich für Regina zerschlagen.

Emilie liebte dennoch ihren Vater sehr. Und sie bemühte sich sehr, ihn aufzumuntern und zu trösten, wenn er in seine Traurigkeit verfiel und sinnend hinter seinem großen, geschnitzten

Eichenholzschreibtisch saß bei zugezogenen Vorhängen. Und ihr gelang es auch wirklich immer wieder am besten, wenn sie sich auf seinen Schoß setzte, die kleine Nase an seiner rieb und an seinem Schnurrbart zupfte. Ihr Lachen war dann so mitreißend, dass er ihr hinunter in den Garten folgte und mit dem Ball oder dem Reifen spielte und sich seine Miene und seine Laune deutlich aufhellte. Emilie liebte auch ihre Geschwister. Alexander war kein Jahr jünger als sie und Carl Friedrich nur ein gutes Jahr älter und beide waren gute Spielkameraden. Friedrich August, ihr zehn Jahre älterer großer Bruder, spielte zwar nicht mehr so viel mit den jüngeren Geschwistern, aber dafür half er ihnen in allem, wo immer er konnte. Als seine Brüder in die Schule gingen, half er bei den Aufgaben und das Gleiche galt für die Schwestern, wenn sie von ihrem Hauslehrer Hausaufgaben bekommen hatten, denn eine Schule für Mädchen gab es noch nicht in Friedland.

Johann August sah mit großer Freude, wie seine Kinder aufwuchsen und sich entwickelten und offenbar nicht unter der Mutterlosigkeit litten. Friedrich August und später auch Alexander Friedrich liefen früh in der väterlichen Apotheke herum und fragten ihrem Vater ein Loch in den Bauch über Heilkräuter und Tinkturen und durften immer wieder Pulver auf der Waage abmessen oder eine Creme umrühren. Ihr Weg in der Berufsnachfolge ihres Vaters war vorgezeichnet. Ihr Bruder Carl Friedrich hatte mehr Interesse für Anatomie und die Ursachen von Krankheiten und wurde folgerichtig später Arzt.

Die Jüngste, Henriette, zeigte früh Interesse an häuslichen Arbeiten. Wenn man sie suchte, fand man sie meistens in der Küche, wo sie ganz genau wissen wollte, wie die Köchin das Essen zubereitete, oder sie saß mit einer Handarbeit in einem lederbezogenen Ohrensessel im Arbeitszimmer des Vaters. Alle Familienmitglieder wurden mit gestrickten Socken und Handschuhen beglückt und auf den Tischen fanden sich fein gehäkelte Deckchen von Henriette. Sie würde einmal eine großartige Partie sein für einen guten Schwiegersohn.

Emilie war wie ihre Geschwister hochintelligent und wissbegierig. Aber die Gerüche in der Apotheke mochte sie nicht, lieber schon den Geruch nach Tabak und Leder im väterlichen

Arbeitszimmer. Das Essen nahm sie lieber genussvoll zu sich, als es selber zu kochen und den Haushalt führten die Bediensteten, was sollte sie da noch helfen? Sie war mehr für die Unterhaltung des Vaters zuständig und las, sobald sie das Lesen beherrschte, jedes Buch, dessen sie habhaft werden konnte.

Johann August war ein wenig besorgt um seine Lieblingstochter. Dann hatte er eine Idee. Zu Weihnachten 1817 wurde Emilie mit einem nagelneuen Flügel beschenkt und dazu mit Klavierstunden bei Carl Heinrich Driver, dem Lehrer und Organisten der Nikolaikirche.

Emilie war sofort Feuer und Flamme für das für sie riesige Musikungetüm, das da nun im Salon stand. Immer wieder stieg sie mit Hilfe einer kleinen Fußbank auf den Hocker und ließ die Finger über die Tasten spielen und Töne erzeugen, bis die Geschwister sie baten, mit dem „Lärm" doch einzuhalten. Aber dann kam Driver regelmäßig ins Haus und ordnete Finger und Tasten des kleinen Mädchens und bald waren es wenigsten meist richtig erklingende Tonleitern, die den Salon erfüllten. Beide waren begeistert: Emilie, weil sie endlich etwas für sich gefunden hatte, was die Geschwister nicht taten, mit dem sie ihre Zeit sinnvoll verbringen konnte und Driver, weil er noch nie eine so junge, so willige und so talentierte Schülerin zuvor gehabt hatte. Schnell zeigte sich ein Fortschritt in den Fähigkeiten Emilies und bald wollte sie mehr über die Zusammenhänge der Klänge wissen und nicht nur die Noten herunterspielen, die Driver ihr mitbrachte. Und sobald ihr Driver die Harmonielehre erklärte, Dreiklänge, Quintenzirkel, Harmoniewechsel, wollte Emilie ihr Wissen anwenden und spielte eben nicht mehr nur nach den Noten, sondern improvisierte und variierte, so dass Driver meinte sie maßregeln zu müssen und forderte, dass sie nach Noten spielte. Schließlich seien das große Meister, die könnte man nicht einfach verändern.

„Aber es klingt doch so viel schöner, wie ich es spiele", wandte Emilie ein.

„Dann musst du eben eigene Stücke schreiben", meinte Driver, denn er konnte dem zauberhaften Mädchen nicht wirklich böse sein.

„Nun, dann werde ich eben eine Komponistin", stellte Emilie fest. Und Lehrer und Schülerin mussten herzlich lachen.

Aber zu Weihnachten und zu den Geburtstagen trat nun immer Emilie auf und spielte Klavier. Und wer Geburtstag hatte, wurde mit einer kleinen eigenen Komposition von ihr beschenkt. Von Anfang an hatte sie eine sehr feine, deutliche Notenschrift. Und die „Familien-Stücke" wurden mit einer Widmung an das Geburtstagskind versehen.

Im Laufe der Jahre wurde es für den armen Driver immer schwerer, die musikhungrige Emilie mit neuen Werken zu versorgen. Und wenn er wieder einmal etwas herangetragen hatte, eine Klaviersonate von Felix Mendelssohn-Bartholdy etwa oder gar von seiner Schwester Fanny Hensel-Mendelssohn, hörte man ununterbrochen den Flügel durch das Haus klingen, bis Emilie meinte, sie beherrsche das Werk und die ganze Familie zu einem Vorspiel einlud.

Johann August war stolz auf seine begabte Tochter und froh, dass er etwas für sie gefunden hatte, das ihr Leben erfüllte. Und auch Emilie vergaß nie, was sie ihrem Vater verdankte. Nicht selten beendete sie ein Gespräch eigentlich völlig unvermittelt mit dem Satz „... und danke für das Klavier". Auch wenn sie ihrem Vater eine gute Nacht wünschte vor dem Schlafengehen oder wenn er wieder einmal sinnierend im dunklen Arbeitszimmer saß, konnte sie ihn unvermittelt fröhlicher Stimmen mit diesem Satz. „... und danke für das Klavier."

2. Die junge Frau

Die Jahre vergingen. Emilie und Henriette wurden von ihrem Hauslehrer Burghard gelehrt, während die Jungen in das Friedländer Gymnasium gingen. Alle Kinder hatten keinerlei Schwierigkeiten mit ihrem Lernstoff. Lesen, schreiben, rechnen, Geschichte,

Religion, das machte ihnen keine Mühe. Henriette hatte dazu ihre Handarbeit und das Vergnügen am Kochen und Backen, Emilie ihre Musik. Friedrich August schloss die Schule als erster mit dem Abitur ab und begann das Pharmazie-Studium in Stettin. Nachdem er es mit Auszeichnung abgeschlossen hatte, kam er zurück nach Friedland und entlastete den Vater in der Familien-Apotheke. Dafür wechselte Alexander Friedrich nach Stettin ins Studium. Um diese Zeit beendeten auch die Mädchen ihre Studien beim Hauslehrer. Emilie ließ sich von ihrer Schwester Henriette mehr in die Geheimnisse des Haushaltes einweihen und kümmerte sich ganz besonders um ihren Vater, der zwar durch seinen ältesten Sohn in der Apotheke entlastet war, aber dadurch offensichtlich wieder mehr Zeit zum Grübeln fand. Oft holte Emilie ihn aus dem abgedunkelten Arbeitszimmer, kochte ihm einen Melissentee und bereitete ihm ein paar Waffeln mit Puderzucker zu. Dann spielte sie ihm Walzer von Chopin, Kinderszenen von Schumann oder Lieder ohne Worte von Mendelssohn vor und immer wieder auch Familienstücke von den letzten Geburtstagen und konnte beobachten, wie er sich entspannte und ein kleines Lächeln in sein Gesicht gezaubert wurde. Henriette kam dann manchmal hinzu und wenn Emilie vom Flügel aufstand, umarmte sie ihre Schwester und meinte: „Niemand kann das so wie du. Auch ich liebe unseren Vater, aber niemand dringt so durch zu ihm wie du und niemandes Musik erreicht seine Seele so wie die deine und rettet ihn vor der Dunkelheit. Du bist eine wahre Künstlerin, große Schwester."

Als auch Alexander Friedrich sein Studium abgeschlossen hatte und nach Friedland zurückkehrte, stand ein neuer Wechsel bevor. Friedrich August hatte sich entschlossen nach Stettin überzusiedeln und dort die vakante Adler-Apotheke zu übernehmen. Alexander Friedrich konnte so die Arbeit in der Ratsapotheke seines Vaters in Friedland fortsetzen. Johann August war damit einverstanden. Mehr noch, er war erfreut darüber wie reibungslos sich die Brüder einigen konnten und unterstützte das Vorhaben seines Ältesten mit den nötigen Finanzen. Im Sommer 1835 wurden die Pläne in die Tat umgesetzt. Bei der Gelegenheit reiste Emilie zum ersten Mal nach Stettin, um ihrem Bruder beim Einrichten seines Haushaltes zu helfen. Sie war begeistert von der zwar nicht sehr großen Stadt, die aber neben dem provinziellen Friedland doch ganz anders lebte und brauste. Insbesondere war sie begeistert vom regen Musikleben in Stettin unter dem Musikdirektor Loewe.

Und eine weitere Veränderung bahnte sich an. Carl Friedrich hatte nach dem Abitur ein Medizinstudium in Halle begonnen. Dort hatte er einen Kommilitonen kennengelernt, mit dem ihn im Laufe des Studiums eine enge Freundschaft verband. Diesen Johann Friedrich Bertuch brachte er in Semesterferien gerne mit nach Friedland und die jungen Leute hatten ihren Spaß in der Sommerfrische bei Wanderungen, Lampionfesten und Tanz, zu dem Emilie gerne aufspielte. Und während Emilie am Klavier Walzer und Ländler von Franz Schubert spielte, tanzte die quirlige Henriette gerne mit dem feschen Freund ihres Bruders. Und nach Abschluss des Studiums wurde klar, dass die beiden heiraten wollten. Auch dazu gab Johann August gerne seinen Segen und den Geschwistern, besonders Carl Friedrich, war es auch recht. Also heiratete Henriette ihren Johann Friedrich und beide zogen nach Pasewalk, wo sie eine Arzt-Praxis übernehmen konnten. Carl Friedrich ging wieder nach Halle und arbeitete dort als Arzt.

Auf Emilie war nun die Führung des Haushaltes und die Versorgung ihres Vaters und des letzten Bruders allein zurückgefallen. Aber sie beklagte sich nicht. Inzwischen war sie fast ebenso sicher darin wie ihre jüngere Schwester. Und immer hielt sie sich genügend Zeit über, um ihre Klaviertechnik zu verbessern und ihr Repertoire zu erweitern. Driver kam nur noch unregelmäßig ins Haus und staunte mehr über die Fähigkeiten seiner „kleinen“ Emilie, als dass er ihr noch etwas beibringen konnte.

Emilie war inzwischen Mitte zwanzig. Ihre zwei Jahre jüngere Schwester war verheiratet, zwei ihrer Brüder aus dem Haus. Was sollte aus ihr werden? Emilie war die Tochter eines sehr wohlhabenden Bürgers, wohl erzogen und gebildet und hatte dazu das besondere Talent ihrer Musikbegabung. Junge Männer aus der gehobenen Bürgerschicht Friedlands und vielleicht auch darüber hinaus haben sich sicherlich einen Kopf darüber gemacht, ob sie nicht den Versuch einer Eroberung wert wäre. Aber Emilie bot dahingehend ganz bewusst wenige Angriffsflächen. Sie war geschützt und behütet durch Vater und Bruder, die nur selten an gesellschaftlichen

Ereignissen wie Bällen teilnahmen. Und sie sah man auch wenig in der Öffentlichkeit, sie vergrub sich lieber hinter ihrem Pianoforte.

Emilie selbst hatte offensichtlich auch wenig Interesse daran einen Mann zu finden, eine Familie, einen eigenen Haushalt zu gründen. Sie fühlte sich wohl zu Hause, sie fühlte sich verantwortlich für den Vater, der ihr immer nahe gewesen war im Leben. Niemand beeinflusste sie, sie war frei und unabhängig, sie konnte für ihre Musik tun und lassen, was sie wollte. Warum sollte sie sich auf einen Ehemann einlassen, der dann ihr Vermögen verwaltete, dem sie verpflichtet war, den Haushalt zu führen und zu anderen ehelichen Pflichten, an die sie so gar nicht denken mochte. Sie verdrängte schlicht die Gedanken an eine Zukunft, an ein Leben im Alter, ohne ihren Vater, als alternde Jungfer. Und die Zeit verging.

Johann August genoss einerseits diese Jahre mit seiner Tochter, andererseits war er aber auch realistisch. Er wusste sehr wohl, dass es egoistisch war, zu versäumen auch für seine zweite Tochter eine erfüllende Zukunft zu bereiten, so wie für seine anderen Kinder. Ihm war klar, dass sie auch seinetwegen nicht heiratete, weil sie glaubte, ihn nicht allein lassen zu können. Ach, wäre doch seine Henrietta nicht gestorben, dann könnte alles anders sein. Er könnte mit ihr alt werden und Emilie könnte leichter loslassen und sich um ihr eigenes Leben kümmern. Die Sehnsucht nach seiner Henrietta wurde immer stärker und die Sorge um seine Emilie immer drängender.

Im schönen Mai 1840 heiratete auch der jüngste Sohn Alexander Friedrich. Schon ein Jahr zuvor hatte er die Ratsapotheke ganz von seinem Vater übernommen und fühlte sich nun abgesichert genug, um der Tochter des Friedländer Bürgermeisters, Berta Johanna Schröder, einen Antrag zu machen. Es wurde ein Fest, über das in Friedland noch lange gesprochen wurde. Berta zog nun in den Apothekenhaushalt ein und ließ sich auch nicht von der Haushaltsführung verdrängen, so dass Emilie noch weniger vom Flügel weg kam und sich fast ausschließlich um den Vater kümmerte.

Aber diese neue Veränderung ließ in Johann August einen lange zurückgehaltenen Entschluss zur Reife kommen. Am 28. August, auf den Tag genau 26 Jahre nach der Beerdigung seiner zweiten Frau, zog sich Johann August nach dem Nachtmahl, bei dem er nur wenig zu sich genommen hatte, in sein Arbeitszimmer zurück. Er hatte sich von den Kindern schon zur Nacht verabschiedet und dabei besonders Emilie in ungewohnter Weise in den Arm genommen und auf die Stirn geküsst. Im Arbeitszimmer zog er aus dem untersten Fach seines Sekretärs sein Testament hervor, überprüfte alles noch einmal gewissenhaft und legte es dann zurück. Im Geheimfach unter der Schreibklappe hatte er einen kleinen Revolver versteckt, den er sich schon vor Jahren gekauft hatte. Den nahm er nun hervor und setzte ihn sich an die Schläfe. An die andere Seite des Kopfes hielt er ein Samtkissen, damit die Sauerei, die er verursachen würde, nicht allzu schlimm ausfiele. Dann drückte er ab und sein Kopf sackte auf den schweren Eichenschreibtisch, der dann doch noch von seinem Blut besudelt wurde.

Emilie, ihr Bruder Alexander und seine Frau Berta saßen noch zusammen im Salon. Alexander war an diesem Freitag über die Abrechnung der Woche gebeugt, Berta hatte sich eine Handarbeit vorgenommen und Emilie spielte wie üblich einen Walzer von Chopin am Flügel. Als sie den Schuss hörten, schreckten alle zusammen und sahen sich an. Dann ging zuerst Alexander in das Arbeitszimmer seines Vaters. Leichenblass kam er zurück und berichtete, dass der Vater seinem Leben ein Ende bereitet hatte.

Emilie brach in lautes Schluchzen aus und hielt das Gesicht in ihren Händen. Sie sah ihren Vater erst wieder, nachdem der Bestatter ihn hergerichtet und die Zerstörungen am Kopf geschickt überschminkt und hinter einem Verband verborgen hatte. Die Beerdigung neben seinen beiden Ehefrauen auf dem Friedhof bei der Nikolaikirche, die genehmigt wurde, weil der Arzt die Tat als Ergebnis von „geistiger Verwirrung“ eingestuft hatte, wurde von vielen Bürgern begleitet. Schließlich war er der anerkannte Apotheker für Generationen von Friedländern gewesen.

Das Testament war klar und sinnvoll verfasst. Friedrich August war abgefunden durch die finanzielle Hilfe, die ihm der Vater für die Absicherung der Apotheke in Stettin hatte zukommen lassen, genauso war Johann August mit Carl Friedrich verfahren, als er seine Arztpraxis in Halle aufmachte, Henriette hatte für ihre Heirat eine großzügige Aussteuer erhalten und Alexander erbte natürlich Apotheke und Haus in Friedland. Nur die Verfügungen für

Emilie waren etwas ungewöhnlich. Zum einen sollte sie im Haus ihres Bruders in Friedland Wohnrecht erhalten, solange das nötig sei oder bis sie gegebenenfalls durch eine Ehe verzöge. Zudem hatte er einen außerordentlich großzügigen Betrag für sie in Aktien, Gold und Bargeld in der Bank hinterlegt, über den sie frei verfügen können sollte, zum Beispiel wenn sie eine weitere musikalische Ausbildung ins Auge fassen wollte.

Eine Zeit der Trauer erfüllte zunächst das Haus Mayer. Emilie hatte nun nicht mehr viel zu tun und nachdem sie ihr Entsetzen und ihre traurige Schwäche einigermaßen überwunden hatte, entsprechend Zeit zum Nachdenken. Sie war inzwischen 28, die Gründung einer Familie war ihr ferner denn je. Zudem erkrankte ihr alter Lehrer Driver im Winter an einer Lungenentzündung, von der er sich nicht wieder erholte. Am 22. April 1841 starb er. In einem intensiven Briefverkehr mit ihren Geschwistern und in Gesprächen mit Alexander suchte sie nach einem Weg für ihre Zukunft.

Friedrich August berichtete ihr über Ereignisse und Konzerte im Stettiner Musikleben. Nach den verheerenden Napoleonischen Kriegen und dem Wiener Kongress war Stettin die Hauptstadt Pommerns geworden und schnell auf etwa 40000 Einwohner angewachsen. Seit schon zwanzig Jahren war das Musikleben geprägt durch die Energie und Fantasie des Städtischen Musikdirektors Carl Loewe, wie Emilie ja bereits erfahren hatte. Inzwischen bereitete man den Bau einer Eisenbahnverbindung von Stettin zur Landeshauptstadt Berlin vor, was den kulturellen Austausch sicher noch bereichern würde. Wenn Emilie sich ernsthaft weiter mit ihrer Musik befassen wollte, dann wäre es sinnvoll, das provinzielle Friedland endlich hinter sich zu lassen und zu ihm nach Stettin zu ziehen. Und weil Friedrich August das Talent seiner Schwester wirklich schätzte, sah er gute Erfolgsaussichten, wenn sie sich darum bemühte, von Loewe weiter unterrichtet zu werden.
Emilie ergriff ihre Chance und ging nach Stettin.

3. Bei Loewe in Stettin

Herzlich umarmte Friedrich August seine Schwester, als sie in Stettin vor der Adler-Apotheke aus der Postkutsche stieg. Sie war froh, dass das Geschaukel ein Ende hatte und sie war aufgeregt, weil nun ein neuer Lebensabschnitt für sie beginnen sollte. Friedrich August hatte in der großen Wohnung über der Apotheke zwei Zimmer für sie vorgesehen, ein Schlafzimmer und einen Salon, in dem auch ihr Flügel stehen sollte, nachdem er aus Friedland hergeschafft war. Emilie richtete sich bequem ein und genoss die neue Umgebung, in die sie ihr Bruder ausgiebig einführte. Dazu gehörten auch etliche Konzerte, die Carl Loewe an verschiedenen Aufführungsorten gab, in den Kirchen, hauptsächlich St. Jakobi, wo er Organist war, in den Räumen der Gymnasien und dem Konzertsaal der Freimaurerloge „Zu den drei goldenen Zirkeln", der er extra beigetreten war, um den Raum nutzen zu können.

Nach einigen Wochen setzte sich Emilie an ihren Sekretär und arbeitete einen Brief an den Herrn Musikdirektor aus, in dem sie ihre bisherige Ausbildung schilderte und ihre persönliche Situation. Sie bat darin Herrn Loewe um ein persönliches Gespräch, in dem man sich kennenlernen könne, weil sie gerne von ihm weiter unterrichtet und gefördert werden wolle. Dabei legte sie besonderen Wert darauf, dass der Schwerpunkt ihrer Studien die Komposition sein solle.

Loewe hatte diesen doch sehr ungewöhnlichen Brief mit der außergewöhnlichen Bitte einer jungen Frau um Ausbildung in der musikalischen Komposition erhalten und interessiert und auch ein wenig erheitert gelesen. Diskret hatte er sich über die Schwester des Adler-Apothekers informiert und von ihrem untadeligen Ruf erfahren und auch darüber wie intensiv sie seine Konzerte verfolgte. Schließlich lud er sie zu einem nachmittäglichen Treffen bei Kaffee und Plätzchen ein.

Ein Hausmädchen empfing sie an der Tür und führte sie in einen Salon, wo der Mann in seinen besten Jahren mit einem freundlichen, von blonden Locken eingerahmten Gesicht, den sie aus den Konzerten kannte, sich erhob und sie begrüßte. Emilie hatte noch nie viel Wert auf ihr Äußeres gegeben. Und so erschien sie auch hier in einem schlichten, dunklen Kleid mit hohem Dekolleté und einem weißen Spitzentuch, das sie um die Schultern gelegt hatte. Das dunkle Haar mit dem Mittelscheitel hatte sie streng zurückgebunden. Ihr ebenmäßiges, ovales Gesicht mit der kräftigen Nase und den schmalen Lippen wirkte hauptsächlich durch die schönen, dunkelblauen Augen. Aber es war offen und selbstbewusst. Hier kam eine junge Frau auf den Musiker zu, die ungewohnt zielgerichtet und selbstsicher wirkte.

„Sehr geehrtes Fräulein Mayer", begrüßte Loewe Emilie, „ich freue mich, Sie kennenzulernen, und bin wirklich gespannt, was Sie mir vortragen wollen. Setzen Sie sich doch zu mir."

Emilie nahm auf einem der Stühle um einen runden Tisch Platz. Das Hausmädchen erschien wieder und brachte ein Tablett mit Kaffeegeschirr mit, das sie geschickt auf dem Tisch platzierte, Kaffee eingoss und einen Porzellankorb mit Zuckergebäck dazu stellte. Dann entfernte sie sich wieder.

„Herr Musikdirektor", begann Emilie das Gespräch, „ich habe einen Wunsch, der in unserer Zeit vielleicht etwas ungewöhnlich und vielleicht sogar vermessen ist: Ich möchte Komponistin werden, und zwar mit Ihrer geschätzten Hilfe."

„In der Tat, das ist ein ungewöhnliches Unterfangen", meinte Loewe, der allerdings durch Emilies Brief eingeweiht, nicht völlig überrascht war. „Wie stellen Sie sich das denn vor?"

Emilie hatte sich auf dieses Gespräch gut vorbereitet und spulte nun ab, was sie sich vorgenommen hatte.

„Ich weiß, dass weibliche Komponistinnen selten sind und zudem meist spezialisiert auf Klavier- oder Gesangskompositionen. Und selbst eine Fanny Hensel-Mendelssohn oder eine Clara Schumann haben nicht die Bereiche der Anerkennung erreicht wie ihre Brüder und Ehemänner. Aber ich hoffe und traue mir zu, das zu ändern und eine anerkannte Komponistin zu werden, wenn ich die entsprechende Ausbildung und Unterstützung erhalte. Und das erhoffe ich mir von Ihnen."

Loewe hatte interessiert und wieder auch ein wenig amüsiert zugehört. Die Ernsthaftigkeit von Emilie und auch der

Enthusiasmus, mit dem sie sprach, ließen ihn aber doch aufhorchen. Emilie fuhr fort.

„Ich habe ein paar Voraussetzungen, die mein Vorhaben durchaus erfolgreich werden lassen können. Ich bin durch meinen jüngst verstorbenen Vater mit finanziellen Mitteln ausgestattet worden, die mich unabhängig machen und mir eine Konzentration auf meinen Plan ermöglichen. Ich bin familiär ungebunden, habe keinen Ehegatten und keine Kinder, die mich bei der Verwirklichung meines Zieles hindern würden. Seit über zwanzig Jahren habe ich mein Klavierspiel zu verfeinern versucht, wobei ich nicht sagen will, dass es nicht immer etwas zu verbessen gäbe. Auch erste Kompositionsversuche liegen vor, ich habe ein paar Noten mitgebracht. Aber gerade hier ist mir mein Dilettantentum bewusst und ich hungre geradezu nach Erweiterung meiner Kenntnisse durch erfahrene Musiktheoretiker wie Sie. Ich bitte Sie wirklich herzlich in Erwägung zu ziehen, mich als Ihre Schülerin anzunehmen."

Emilie hatte gerötete Wangen bekommen durch den Eifer, mit dem sie gesprochen hatte. Dadurch wirkte sie noch entzückender, wie sich Loewe eingestehen musste.

„Als ich Ihren Brief gelesen habe, verehrtes Fräulein Mayer", sagte Loewe jetzt, „war ich wirklich neugierig, was denn da für ein Mensch dahinter stecken würde. Und jetzt sehe ich Ihren ehrlichen Eifer und die Ernsthaftigkeit Ihres Wunsches. Ich will Ihnen noch nicht gleich alles zusagen. Ich werde mir Ihre Noten ansehen und ich gebe Ihnen ein paar Hausaufgaben für das Klavier mit, die Sie mir bei unserem nächsten Treffen vorspielen können. Aber ich möchte Sie auf jeden Fall hier wiedersehen und ich könnte mir durchaus eine Zusammenarbeit mit Ihnen vorstellen. Die Tatsache, dass Sie eine junge Frau sind und Ihr Berufswunsch in unserer Zeit deshalb äußerst ungewöhnlich ist, soll uns nicht davon abhalten, einen Versuch zu starten. Aber nun trinken Sie doch ruhig Ihren Kaffee, der wird noch ganz kalt."

Emilie nahm artig ihre Tasse und schlürfte vom guten Kaffee. Sie war glücklich, dass der große Loewe ihr offensichtlich so freundlich gesinnt war und sie vielleicht wirklich bei ihm ihren Lebenstraum verwirklichen konnte.

So plauderten die beiden noch eine ganze Weile. Man stellte fest, dass auch Loewe seine erste Frau verloren hatte wie Emilies Vater, es nun aber zusammen mit seinem Sohn Julian aus erster Ehe mit den vier Töchtern fünf Kinder in der Familie gab, so wie bei Mayers. Loewe lud Emilie zu einer seiner „Musikalischen Vespern" am Sonnabend ein und sie sollte doch gleich ihren Bruder mitbringen, damit man sich kennenlernen könnte.

Emilie verabschiedete sich hochgestimmt vom Herrn Musikdirektor und auch der war sehr eingenommen von dieser angenehmen jungen Frau, derer er sich gerne annehmen wollte.

Das Klavierspiel Emilies bei einem neuerlichen Besuch überzeugte Loewe vollends, dass hier keine bürgerliche Dame ihrem Hobby etwas Glanz verschaffen wollte, von dem sie dann beim nächsten Kaffeekränzchen ihren Freundinnen erzählen konnte. Nein, Emilie wollte wirklich in die Tiefen der musikalischen Komposition eindringen. Die vielen Jahre, in denen sie täglich ihr Klavierspiel verfeinert hatte, waren ihrem Vortrag klar anzumerken. Und selbst die kleinen Stücke, die sie zu Notenpapier gebracht hatte, enthielten einige nette Melodien und einen guten Ansatz in deren Begleitung.

„Fräulein Mayer", sagte Loewe fast feierlich und reichte ihr die Hand dabei, „Sie gefallen mir. Auch Ihre Notenschrift ist übrigens besonders fein und leserlich, vielleicht ist dies ein Vorzug von Ihnen als Frau. Ich bewundere Ihren Mut und finde, dass es wirklich gute Ansätze gibt für einen Versuch, aus Ihnen eine richtige Komponistin zu machen. Ich will es von meiner Seite jedenfalls gerne versuchen. Was ist mit Ihnen?"

Emilie erhob sich vom Klavierhocker und ergriff Loewes Hand.

„Herr Musikdirektor, ich bin Ihnen so dankbar. Ich verspreche auch fleißig zu sein, alles zu lernen, was Sie mir zeigen wollen, und mich mit ganzer Kraft einzubringen. Mein Leben stand wirklich an einem Wendepunkt und nun hat es wieder eine Richtung, einen Sinn. Ich danke Ihnen von ganzem Herzen."

„Nun, dann lassen Sie uns über Termine und Inhalte sprechen", sagte Loewe lächelnd, „ich habe ja noch ein paar andere Aufgaben, wie Sie wissen."

Emilie war nun regelmäßiger und gerngesehener Gast im Hause Loewe. Schnell freundete sie sich auch mit Loewes Frau Auguste an und wurde von den Kindern umschwärmt, denen sie gerne etwas Zuckerwerk mitbrachte. Die Arbeit gestaltete sich sehr fruchtbar. Loewe hatte seine Freude an seiner begabten Schülerin und Emilie vertiefte sich in die Kompositionslehre, in das Studium von Kompositionen von Mozart, Haydn und Beethoven, aber auch denen ihres Lehrers. Werke von Mendelssohn, mit dem Loewe 1827 dessen Konzert für zwei Klaviere in Stettin aufgeführt hatte, und Spohr wurden in Stettin zur Aufführung gebracht und Emilie hat an diesem reichen Musikleben der Stadt ausführlich teilgenommen. Und bald wagte sie auch neue, eigene Kompositionsversuche.

Nach einem Jahr schrieb sie eine Vertonung von Goethes Gedicht „Erlkönig". Nach Schubert hatte sich auch ihr Lehrer Loewe, der ja ein guter und gern gehörter Tenor war, daran versucht. Und Emilie eiferte ihm nicht nur darin nach. Sie schrieb in diesen ersten Stettiner Jahren einige Stücke für Singstimmen und Chöre, die besonders für die Hausmusik geeignet waren. Denn in Stettin gab es neben den Konzerten in Kirchen und Sälen, wie zum Beispiel dem der Freimaurerloge auch musikalische Zusammenkünfte in Bürgerhäusern.

Die Witwe Auguste Tilebein veranstaltete solche Konzerte gerne in ihrem Züllchower Landhaus und sie war eine besondere Verehrerin des Musikdirektors Loewe, der sich manchmal scherzhaft als „Züllchower Hofkapellmeister" bezeichnete. Auch das Haus des Stettiner Bischofs Ritschl war Ort solcher musikalischer Aufführungen, bei denen regelmäßig auch Honoratioren wie der Kronprinz Friedrich Wilhelm IV. zugegen waren, den Loewe dadurch persönlich kennenlernte, eine freundschaftliche Bekanntschaft, die sich über viele Jahre bewähren sollte.

Natürlich nahm Loewe seine begabte Schülerin gerne zu solchen Veranstaltungen mit. Sie konnte dabei nicht nur ihren Lehrer in seiner Aufführungspraxis erleben, sie lernte natürlich auch wichtige Mitglieder der Stettiner Gesellschaft kennen – und diese sie. Außerdem war eine solche „Hausmusik" eine gute Gelegenheit, um im kleinen Rahmen auch erste eigene Kompositionen zu Gehör zu bringen und eigene Aufführungspraxis zu sammeln. Als herausragende Pianistin war Emilie sehr bald anerkannt.

So verbrachte Emilie angenehme Jahre in Stettin. Die Verbindung zu ihrem Lehrer war innig und freundschaftlich. Außerdem entwickelte sich im Laufe der Jahre eine echte Freundschaft Loewes auch zu ihren Geschwistern, sowohl in Stettin zum Apotheker Friedrich August, als auch zum Bruder Carl in Halle, wo Loewe ja studiert hatte, und auch zur Familie von Henriette Bertuch in Pasewalk. Emilie machte ständig Fortschritte.

„Fräulein Emilie", begann Loewe eines Morgens, nachdem sie letzte Arbeiten von Emilie begutachtet und diskutiert hatten, „meinen Sie nicht, dass es an der Zeit ist, dass Sie sich größeren Aufgaben stellen?"

„Was meinen Sie denn damit, Herr Loewe?", fragte Emilie etwas überrascht.

„Ihre Chorsachen sind ja ganz nett und auch die Stücke für das Klavier überzeugen mich wirklich. Aber Sie haben doch jetzt das Zeug, sich an die großen Formen heranzuwagen. Sie kennen doch die Sinfonien Haydns und Mozarts auswendig und auch mit denen Beethovens sind Sie gut vertraut. Wie wäre es mit einer ersten Sinfonie von Mayer?"

Emilie errötete leicht und schlug die Augen nieder. Loewe musste sich eingestehen, dass er sie in solchen Momenten wirklich gern hatte.

„Meinen Sie wirklich?", fragte Emilie jetzt zaghaft.

„Aber ja", bestärkte Loewe seinen Wunsch. „Seien Sie nicht so bescheiden und schüchtern. Ich weiß doch, was ich Ihnen beigebracht habe. Frisch ans Werk!"

1845 begann Emilie mit ihrer ersten Sinfonie in c-Moll. Sie war noch stark angelehnt an die klassischen Vorbilder Mozart und Haydn, denen sich auch ihr Lehrer Loewe verpflichtet fühlte. Aber schon bald nach der Fertigstellung machte sie sich an eine zweite Sinfonie, diesmal in e-Moll, heran und ihr Ehrgeiz wuchs. Emilie versank in der Arbeit und genoss es. Nie zuvor hatte sich eine Komponistin an diese Großform herangewagt, aber Emilie fühlte sich stark und wurde immer selbstsicherer in der Umsetzung ihrer musikalischen Vorstellungen. Loewe unterstützte sie, wo immer es nötig erschien.

Das Verhältnis von Lehrer zu Schülerin hatte sich in eine tiefe, enge Freundschaft gewandelt. Natürlich war Loewe eine Ersatzperson für den zu früh gegangenen Vater. Aber er war auch dadurch noch mehr, dass Emilie nicht von ihm beansprucht wurde, sondern dass sie nun ihn beanspruchen durfte, ihn alles fragen konnte, sich seines Zuspruches und seiner Hilfe sicher sein konnte. Eine Ehe mit einem Mann hatte sich Emilie für sich nie vorstellen können, aber die Nähe zu Carl Loewe verschaffte ihr den Teil einer Partnerschaft, die Freundschaft, die geistige Verbundenheit, ja, die Seelenverwandtschaft, den sie sehr genoss und der sie auch beflügelte in ihrer Arbeit. Und offensichtlich war das möglich, ohne dass ein Gefühl von Konkurrenz bei Loewes Frau Auguste auftrat. Emilie war schon immer ein Familienmensch und hatte nun neue Familienmitglieder gewonnen, die in die eigene Familie integriert wurden.

Am 4. März 1847 gab Emilie Mayer ein Konzert mit ausschließlich eigenen Werken. Es wurden beide Sinfonien durch den von Loewe dirigierten Stettiner Instrumentalverein uraufgeführt. Sie erhielten viel Beifall und einen ausführlichen Artikel in der *Vossischen Zeitung*, in dem bemerkt wurde, dass sich hier zum ersten Mal eine weibliche Komponistin überzeugend an der Form der Sinfonie versucht hatte.

Emilie sollte in den folgenden Jahrzehnten immer wieder lesen, dass ihre Kompositionen zwar gefielen, es aber verwunderlich blieb, dass sie von einer Frau geschrieben worden waren. Denn Frauen traute „Mann" es einfach nicht zu im 19. Jahrhundert im Bereich der musikalischen Komposition Gleichwertiges zu schaffen. Bis an ihr Lebensende arbeitete sie gegen dieses Vorurteil mit aller Kraft und einigem Erfolg an.

„Fräulein Mayer", begrüßte Carl Loewe Emilie am Morgen nach dem Konzert herzlich, „was für ein schöner, aber auch wohl berechtigter Erfolg für Sie war der gestrige Abend."

„Ach, lieber Herr Loewe, ich bin auch noch voll der glücklichen Gefühle", bestätigte Emilie, „Sie haben das Orchester aber auch so tiefsinnig geführt, dass alle Stellen und Themen hervorragend erkennbar waren."

„Seien Sie nicht zu bescheiden. Um ein Orchester zu führen, muss erst einmal eine gute Komposition vorliegen. Und Ihre Sinfonien sind äußerst gelungen."

Loewe führte Emilie in den Salon und bat sie, sich zu setzen. „Fräulein Emilie", begann er jetzt wieder und wurde dabei ernst, „dieses Konzert wird für Sie Folgen haben müssen."

Emilie sah ihn etwas erschrocken an. „Was meinen Sie denn?"

„Nun, ich meine das ganz und gar positiv", beruhigte Loewe seine Schülerin. „Die Qualität Ihrer Komposition hat mich davon überzeugt, dass ich mit meiner Lehrtätigkeit an ein Ende geraten bin. Ich kann Ihnen nichts mehr beibringen, das ist das eine. Wichtiger aber noch ist, dass Sie nicht weiterkommen können, wenn Sie hier im doch noch provinziellen Stettin bleiben. Sie müssen in die Hauptstadt und wenn es geht auch darüber hinaus in die weite Welt."

Emilie saß ein wenig verzagt auf ihrem Stuhl und hatte still zugehört.

„Ich höre Ihnen mit geteilter Seele zu, lieber Herr Loewe", begann sie nun. „Sie wissen, wie gerne ich bei Ihnen bin, von Ihnen lerne, wie wohl ich mich hier in Stettin fühle, geborgen und beschützt bei meinem Bruder und auch geliebt von Ihrer Familie. Und in den Jahren habe ich gute Bekannte und Freunde darüber hinaus gewonnen. Meine Anerkennung in dem, was ich tue, spüre ich hier am Ort. Und nun wollen Sie, dass ich mich herausreiße aus meiner zweiten Heimat."

„Liebes Fräulein Emilie", beruhigte Loewe die junge Frau schnell, „niemand möchte, dass Sie den Kontakt nach Stettin aufgeben. Im Gegenteil, ich erhoffe mir, dass Sie möglichst oft hierher kommen und das ist mit der neuen Eisenbahnverbindung nach Berlin ja nun auch gut möglich. Aber ich hoffe auch, dass dann die in der Hauptstadt berühmte Komponistin in die Provinzstadt kommt, um der Aufführung ihrer Werke beizuwohnen und nur nebenbei ihren alten Freund und Lehrer zu besuchen. Sie müssen nach Berlin. Sie dürfen Ihr Talent nicht verschwenden. Sie müssen sich weiterentwickeln, einen größeren Kreis von Bewunderern erwerben."

Loewe hatte inzwischen Emilies Hände ergriffen, um zu unterstreichen, wie wichtig und wie ernst es ihm mit seiner Rede war.

„Also gut", sagte Emilie und drückte dabei seine Hände, bevor sie sie freigab, „ich werde meinem Lehrer, von dem ich weiß, dass er es gut mit mir meint, folgen. Ich werde den Schritt in die große Welt wagen. Aber das bedarf dann doch noch einiger Vorbereitungen. Ich muss eine Wohnung finden. Ich muss packen. Es wird wohl noch einige Wochen brauchen, in denen ich mich langsam von Ihnen und den Meinen verabschieden kann."

„Und ich werde zügig meinem Freund Bernhard Marx schreiben, den ich noch aus Halle kenne. Er kann Ihnen helfen, in Berlin Quartier zu finden. Außerdem kann er Ihnen als Lehrer noch besser als ich zur Seite stehen und vielleicht noch weitere Kollegen zu diesem Zwecke finden. Ach, Fräulein Emilie", seufzte Loewe nun, „ich freue mich, dass ich Sie überzeugen konnte. Aber mir wird auch das Herz schwer, dass ich Sie künftig nicht mehr um mich haben werde. Sie sind doch eine gute Freundin geworden, weit über die Schülerin hinaus."

„Ich danke Ihnen", erwiderte Emilie, „und ich versichere Ihnen, dass es mir genauso geht."

Als sie zur Tür gegangen waren, nahm Loewe Emilie in seine Arme und drückte sie an sich und auch Emilie gab sich der herzlichen Nähe dieser Umarmung des Freundes hin und ging dann rasch, damit er die Tränen in ihren Augen nicht bemerkte.

Emilie war nun 35. Eine Änderung ihres Familienstandes stand nicht mehr zur Debatte. Von einer Fixierung auf eine Karriere als Komponistin war sie mehr denn je überzeugt. Und Loewe hatte natürlich Recht, das konnte nur von Berlin aus weiter verfolgt werden. Ein zweites Mal nach ihrem Umzug nach Stettin, brach sie zu neuen Ufern auf und wagte den Schritt in eine durchaus ungewisse Zukunft.

4. Berlin, Berlin

Adolph Bernhard Marx war im gleichen Alter wie Carl Loewe. Die beiden kannten sich schon seit Studienzeiten in Halle und beide hatten ihr Jurastudium zugunsten der Musik aufgegeben. Er war inzwischen seit fünfzehn Jahren Universitätsprofessor in Berlin und hatte gerade sein vierbändiges grundlegendes Werk über die „Lehre von der musikalischen Komposition" fertiggestellt. Als Marx die Tür öffnete, stand ein nicht allzu großer Mann mit einem runden Gesicht vor Emilie. Sein Haaransatz gab schon eine hohe Stirn preis, was er durch üppige Koteletten auszugleichen wusste. „Kommen Sie herein, Fräulein Mayer, und seien Sie herzlich willkommen", begrüßte er Emilie und ein freundliches Lächeln bestätigte, dass er sich wirklich auf den ihm noch unbekannten Gast freute. „Mein alter Freund Carl hat nicht zu viel versprochen, reizend sehen Sie aus. Meine Frau hat ein wenig Kaffee und Kuchen vorbereitet im Salon. Dabei haben wir Zeit zum Reden und Kennenlernen."

Im Salon wartete Marx' Frau Therese auf die beiden. Sie war einige Jahre jünger als Emilie und offensichtlich sehr gespannt, was da für eine junge Komponistin zu ihnen kam.

Beim lockeren Kaffeeplausch erfuhr Emilie, dass ihr guter Loewe offenbar sehr ausführlich mit Marx korrespondiert und ihm über Emilie berichtet hatte. Dabei hatte er auch einige Kopien ihrer Kompositionen hinzugefügt, so dass Marx gut abschätzen konnte, was für eine Qualität Emilies Arbeiten hatten.

„Und nun wagen Sie sich in die Höhle des Löwen, Hauptstadt, ja, Weltstadt Berlin, mit und vielleicht auch gegen all die aufstrebenden Männerkollegen?", fragte Marx schließlich.

„Mein Lebensziel war und bleibt klar", antwortete Emilie, „ich will als Komponistin arbeiten und anerkannt werden. Aber mir ist auch bewusst, dass ich noch eine Menge lernen kann und das auch will. Dabei hoffe ich nun auf Sie, Herr Marx."

„Nun denn, an mir soll es nicht liegen. Gehen wir frisch ans Werk", meinte Marx und rieb sich dabei fröhlich die Hände. „Aber auch ich werde mir und ihnen noch etwas Hilfe holen für die nicht anspruchslose Aufgabe eine Frau in der männlichen Musikwelt durchzusetzen. Ich habe meinen Freund Wilhelm Wieprecht gefragt, ob er Sie ebenfalls mit unter die Fittiche nehmen kann. Er kennt sich besonders gut in der Instrumentenlehre und der Orchestrierung aus. Und schließlich haben wir uns doch vorgenommen die Sinfonie anzugehen, nicht wahr? Da kann so einer recht hilfreich sein. Ich stelle ihn Ihnen morgen vor."

„Das ist zu gütig von Ihnen, Herr Marx", bedankte sich Emilie artig.

„Ich finde das so mutig von Ihnen", schaltete Therese Marx sich in das Gespräch ein. „Ich schreibe und versuche mich als Schriftstellerin, aber selbst in dem Bereich ist es noch außerordentlich schwer, Fuß zu fassen. Komponistin zu sein in dieser Männerwelt ist ungleich schwerer. Ich wünsche Ihnen alle Kraft und auch das nötige Glück, um dabei zum Erfolg zu kommen."

„Ich kann mir vorstellen, dass es auch sehr hilfreich wäre, wenn ich in der Berliner Gesellschaft, besonders der kulturinteressierten, Kontakte pflegen könnte. Auch dabei wäre ich für Ihre Hilfe sehr dankbar", fügte Emilie hinzu.

„Das wollen wir gerne tun", bestätigte Therese, „wir nehmen Sie gleich mal zu einer Reihe von Konzerten und Salonmusiken mit und führen Sie in unseren Bekanntenkreis ein. Ich kann mir denken, dass Sie einiges Interesse wecken werden – eine junge, aufstrebende Komponistin, das ist doch mal was Neues."

„Ich werde gleich mit Ihnen zu Fräulein Fischer gehen", mischte sich jetzt wieder Marx ein. „Bei ihr habe ich eine attraktive Wohnung gefunden, gar nicht weit von hier, mit einem ordentlichen Salon und sehr gemäßigtem Preis. Ich bin zuversichtlich, dass Ihnen die gefallen wird."

Emilie war am Abend ganz aufgekratzt. Was für ein Tag. Marx war freundlich und aufgeschlossen, seine junge Frau konnte eine gute Freundin werden. Sie hatte eine Wohnung und die Zusage, durch Wilhelm Wieprecht weitere musikalische Felder kennenzulernen, die sie ihrem Ziel näherbringen sollten. Sie sank auf das Bett ihres Hotels, wo sie noch untergebracht war, bis ihre Möbel und das Gepäck ankamen und die Wohnung eingerichtet war. Morgen würde sie mit Marx zu Wieprecht gehen. Alles schien in den richtigen Bahnen zu laufen. Hier kam sie, Emilie Mayer aus Friedland,

Komponistin, und wollte die Welt erobern. Sie fiel in einen von Träumen begleiteten sanften Schlaf.

Wilhelm Wieprecht war ein großer, etwas korpulenter Mann mit zurückgekämmten Locken, einer runden Nickelbrille und einer markanten Kerbe im Kinn. Er stellte sich aber sehr schnell als warmherzig und freundlich heraus, als Bernhard Marx und Emilie Mayer ihn am nächsten Morgen besuchten. Auch Wieprecht, der nur zehn Jahre älter war als Emilie, war gerne bereit, dieser jungen Frau zum Erfolg und Erreichen ihrer Ziele zu helfen. Er war allerdings gerade dabei eine längere Reise in die Türkei vorzubereiten, wo er die Militärmusik nach seinem anerkannten preußischen Model reformieren sollte.

„Danach kann ich dann aber voll einsteigen", meinte Wieprecht jovial, „und solange hat der Bernhard Sie noch für sich alleine." Er lachte herzlich und freundlich.

Emilie war sehr zufrieden mit ihrem Einstand in Berlin. Sie richtete sich ihre Wohnung ein und kaufte einige Extrastühle für den Salon, wo sie beabsichtigte kleine Sonntagskonzerte zu geben, natürlich auch mit ihren eigenen Werken.

Am 14. Mai hatte sie ihren Bruder Friedrich August mit seiner Familie, Marx und seine Frau, ihre Vermieterin, Fräulein Fischer, und Wilhelm Wieprecht zu einem Geburtstagskaffee eingeladen, auch um allen die nun voll eingerichtete Wohnung zu zeigen und eine erste in Berlin entstandene Klaviersonate vorzustellen.

Als letzter erschien Wilhelm Wieprecht und man sah sofort, dass er völlig aufgelöst war.

„Ich habe schreckliche Nachrichten", begann er auch sofort, als er an der Kaffeetafel Platz genommen hatte. „Fanny Hensel-Mendelssohn ist völlig unerwartet heute Morgen verstorben. Sie ist während der Vorbereitungen zu einer ihrer bekannten Hauskonzerte zusammengebrochen und wohl einem Schlaganfall erlegen." Betretenes Schweigen füllte den Raum. Marx und Wieprecht kannten Fanny Hensel natürlich. Emilie hatte sie noch nicht persönlich kennenlernen können, verehrte sie aber natürlich sehr und spielte ihre Kompositionen, besonders ihren Zyklus „Das Jahr", besonders gerne.

Die feierliche Stimmung des Geburtstages war dahin. Es gab keine Musik mehr, die Gäste verabschiedeten sich bald und verabredeten, sich auf der Beerdigung wieder zu treffen.

Emilie konzentrierte sich nun auf ihre Arbeit. Sie hatte regelmäßig Unterricht bei Bernhard Marx und begann mit neuen Kompositionen.

In dieser ersten Berliner Zeit widmete sich Emilie Mayer fast ausschließlich ihren Studien. Allerdings nutzte sie auch jede Gelegenheit, um sich in die Berliner Gesellschaft zu integrieren. Sie besuchte, auch oft in Begleitung ihrer bekannten Lehrer, Konzerte, Theatervorstellungen und Bälle. Schnell kannte man sie in den künstlerischen Kreisen, aber auch in der bürgerlichen und adeligen Gesellschaft bis hin zum Königshaus. Wichtig dafür waren auch Konzerte, die Emilie in ihrem eigenen Salon gab. Kleinere Kompositionen, Streichquartette, Sonaten für Violine und Klavier, kamen zur Aufführung. Das ausgesuchte Publikum war Gradmesser für das Ankommen der Kompositionen. Und der Erfolg war nicht nur höflich, sondern sehr vielversprechend.

Im November erfuhr sie dann, dass auch der fünf Jahre jüngere Bruder von Fanny Hensel, Felix Mendelssohn-Bartholdy, gestorben war. Er hatte den Tod seiner geliebten Schwester nie verwinden können und starb wie sie an einer Reihe von Schlaganfällen.

Emilie war tief erschüttert. Eine Zeitlang fiel es ihr schwer, sich auf das Komponieren zu konzentrieren. Um sich zu beruhigen, begann sie wieder mit Keramikarbeiten, wie sie sie schon in Friedland hin und wieder gefertigt hatte. Dabei entstanden Objekte, hauptsächlich Vasen, die in den gesellschaftlichen Kreisen, in denen Emilie nun verkehrte, gerngesehene Geschenke waren. Auch der Königin Elisabeth verehrte Emilie eine solche Vase, eine andere fand ihren Weg in das Grüne Gewölbe des sächsischen Königshauses in Dresden. Das Wohlwollen der Königin Elisabeth, das Emilie nun genoss, war sehr nützlich bei der Erlaubnis, später ihre Konzerte im königlichen Schauspielhaus aufführen zu dürfen.

Das Verhältnis zum Königshaus, das schon gegründet wurde in der Stettiner Zeit, dadurch dass ihr Lehrer Loewe enge Beziehungen zum Kulturförderer Friedrich Wilhelm IV. pflegte, war auch der Grund dafür, dass Emilie zur Monarchie stand, als 1848 die Revolution nach Berlin kam.

Sie war am 18. März nicht aus dem Haus gegangen und erfuhr erst nachträglich von den Unruhen und Barrikadenkämpfen. Wichtig für sie war, dass den Mitgliedern des Könighauses nichts geschehen war. Als Monate später der Antrag der Frankfurter Paulskirchenversammlung zu einer parlamentarischen Monarchie von Friedrich Wilhelm IV. abgelehnt wurde und anschließend die Revolution in sich zusammenfiel, war ihr dies sehr recht, denn eine Umkehrung der gesellschaftlichen Verhältnisse war nicht in ihrem Sinne. Sie stellte ihre Kompositionen schließlich dem gehobenen Bürgertum und der adeligen Gesellschaft vor.

An ihre dritte Sinfonie ging sie aber erst heran, nachdem sie mit Wilhelm Wieprecht die Kunst der Orchestrierung ausgiebig geübt hatte. Der Einfluss ihres Lehrers, der der führende Mann der preußischen Militärmusik war, wird bis in den Titel der dritten Sinfonie, „Sinfonie militair", sichtbar. Am 21. April 1850 wird sie aufgeführt und von der Kritik besonders in Hinsicht auf die Sicherheit in der Behandlung der Instrumente gelobt. Wieprecht hatte das Konzert, in dem neben der Sinfonie auch Emilies 6. Streichquartett und eine ihrer Orchesterouvertüren gegeben wurden, mit dem von ihm neu gegründeten und hauptsächlich aus ehemaligen Militärmusikern bestehenden Orchester „Euterpe" aufgeführt.

Die Kritik in den angesagten Zeitungen war überaus positiv, zum einen für das Orchester, zum anderen aber auch über diese denn doch überraschend qualitativen großen Orchesterkompositionen, die von einer Frau stammten. Eine Sinfonie von einer Frau, zudem so gelungen, das hatte es noch nicht gegeben.

Emilie war beflügelt durch diesen Erfolg. Sie war angekommen, wo sie hinwollte. Und sie legte nach. Zunächst wechselte sie die Wohnung und zog nun in die erste eigene Wohnung in der Markgrafenstraße 72. Der Salon war hier noch größer und repräsentativer für ihre Privatkonzerte, die Emilie natürlich weiterführen wollte. Dann machte sie sich umgehend an ihre 4. Sinfonie in h-Moll heran, die etwa ein Jahr später, im März 1851 zur Erstaufführung kam. Loewe stellte zu Recht fest, dass es in dieser Tonart noch kein größeres Vorbild gegeben hatte. Immerhin kam es zum Druck der Noten der 4. Sinfonie, allerdings nur in einer Fassung für vierhändiges Klavier, was durchaus üblich war, um solche Werke auch bei Hauskonzerten aufführen zu können.

Auch in den Folgejahren kamen neue Sinfonien zur Aufführung, 1852 die in D-Dur, 1853 die in E-Dur. Bei der Uraufführung waren im königlichen Schauspielhaus auch König Friedrich Wilhelm IV. und seine Gemahlin Elisabeth anwesend, ein Zeichen höchster Anerkennung der „Sinfonie-Komponistin" Emilie Mayer.

Im Programm der beliebten Kammermusik-Soireen des Oertlingschen Quartettvereins tauchten immer wieder Werke von Emilie Mayer auf, zum Beispiel das Streichquartett in A-Dur 1856 und das in g-Moll 1858.

Emilie war voller Tatendrang, gestützt durch anerkennende Kritiken und Beifallsbekundungen des Publikums. Bis 1857 lieferte sie jährlich eine neue Sinfonie und stellte sie in Konzerten vor. Aber auch neue Kammermusik entstand und wurde aufgeführt. Zudem begann sie jetzt zu reisen und ihre Werke in anderen Städten vorzuführen. 1851 erklang ihre h-Moll-Sinfonie in Köln, 1855 wurden das Klaviertrio in Es-Dur, ein Quintett und eine Konzertouvertüre zu Gehör gebracht, woraufhin der Philharmonische Verein Münchens Emilie zu ihrem Ehrenmitglied ernannte. Im gleichen Jahr wurde ihr Streichquartett in B-Dur in Brüssel gespielt und auch in Leipzig gab es eine Aufführung mit ihren Kompositionen.

Im nächsten Jahr, 1856, begab sich Emilie Meyer in Begleitung ihrer Brüder und einem Empfehlungsschreiben von Königin Elisabeth in der Tasche auf Einladung der Erzherzogin Sofie nach Wien.

„Ich bin jetzt doch ein wenig aufgeregt", bekundete Emilie, als sich der Zug Wien näherte.

„Das musst du wirklich nicht sein", beruhigte Friedrich August sie, „deine Musik spricht doch für sich und für dich, die große Komponistin."

„Ach, hör auf mir zu schmeicheln", erwiderte Emilie, „als mein Bruder musst du ja so etwas sagen."

„Er hat doch recht", fiel jetzt Alexander Friedrich ein, „wir sind stolz auf dich. Und deshalb begleiten wir dich ja, damit wir deinen Erfolg miterleben dürfen."

„Außerdem haben wir uns auch ein paar Urlaubstage im schönen Wien verdient“, meinte Friedrich August, „und du auch. Du arbeitest ja schließlich unentwegt. Nun genieße auch mal die Früchte deiner Arbeit.“

„Es ist so schön, euch dabei zu haben“, bestätigte Emilie. „Und die Sonne scheint und ich bin glücklich. Also auf ins Gefecht und dann in einen schönen Café-Garten im wundervollen Wien.“

Vor der Erzherzogin erklangen ihr Streichquartett in A-Dur und das Klaviertrio in d-Moll. Das Konzert war allerdings nicht öffentlich und das wurde von der Kritik bemängelt. Sie hielten sich einige Zeit in Wien auf und Emilie überließ dabei dem Hoftheater eine Lithografie von sich, die von Eduard Meyer nach einem Bild von Pauline Suhrland gefertigt worden war.

Auch weitere Reisen nach Lion, Straßburg, Dessau und Halle führten Emilie konzertierend in der Welt herum und mehrten ihren Bekanntschaftsgrad. Das führte 1860 zu einer ersten Erwähnung in einem Komponistenlexikon und 1861 zu einem ausführlichen Artikel im „Tonkünstler-Lexicon Berlin“. Emilies unermüdliches Schaffen und Konzertieren hatten sie zu einer bekannten und anerkannten Größe im Berliner Musikleben und weit darüber hinaus gemacht.

1862 nahm Emilie an einem Komponistenwettbewerb der Deutschen Tonhalle Mannheim teil. Die Werke mussten anonymisiert eingeschickt und als Kennzeichnung mit einem deutschen Spruch versehen werden. „Frisch gewagt, ist halb gewonnen“ nutzte Emilie für ihr Klaviertrio in e-Moll, das sie zuvor ihrem Mentor Loewe zur Prüfung geschickt hatte. Dieser befand es für gut. Den ersten Preis und das Preisgeld von 100 Fl., das sie sicher gut hätte gebrauchen können, bekam sie nicht, aber immerhin eine „besondere Belobigung“.

Das Jahr 1862 war der Zeitpunkt für eine erneute Wende in Emilie Mayers Leben. 1861 war König Friedrich Wilhelm IV. gestorben. Der kunstsinnige Monarch hatte Emilie stets unterstützt und auch zu seiner Frau Elisabeth war ihr Verhältnis sehr eng und innig gewesen. Der Nachfolger, Wilhelm I., hatte völlig andere Interessen und Emilie erfuhr jetzt nicht mehr eine Unterstützung, wie sie sie erhoffte und vielleicht auch benötigte. Die fünfzehn Jahre im Trubel der Kulturszene in der Hauptstadt hatten aber auch viel Kraft gekostet. Der Kampf um Anerkennung und Aufführung der Werke, um die Drucklegung der Kompositionen, aber auch die Reisen waren anstrengend und kostspielig gewesen. Und obwohl Emilies Werke immer positiv rezensiert worden waren, war da auch immer noch dieser Unterton in den von Männern geschriebenen Kritiken, die über diese Leistungen einer Frau überrascht waren und quasi hinter vorgehaltener Hand das Auftreten einer Frau in der Männerdomäne Komposition für gelinde gesagt merkwürdig empfanden. Trotz jahrelanger erfolgreicher Arbeit ließ dieser joviale, amüsierte und dadurch abwertende Blick auf Emilies Arbeit nicht nach und ließ sie daran zweifeln, ob eine Frau in ihrer Zeit mit der Berufung zur Komponistin einen zielführenden Weg eingeschlagen hatte.

Emilie beriet sich mit ihren Lehrern und ihrer Familie. Sie befürchtete, die Wohnung auf Dauer nicht mehr halten zu können, ganz abgesehen von den aufwändigen Salon-Konzerten. Das Erbe ihres Vaters machte sie weitgehend unabhängig, aber sie hatte im Laufe der Zeit auch reichlich davon Gebrauch gemacht und war sich mit einem Blick in die Zukunft nicht sicher, ob es bis ans Lebensende reichen würde. Sie war zwar nie ernstlich krank gewesen, aber nun spürte sie doch langsam ihre Jahre, was sie auf der Feier zu ihrem 50. Geburtstag auch den Brüdern und der Schwester gestand. Das mit diesem Alter verbundene Klimakterium wird ihr zudem Energie entzogen haben.

„Du weißt, dass du jederzeit willkommen bist und wieder bei mir wohnen kannst“, eröffnete ihr Friedrich August.

„Und ich bin ja inzwischen auch in Stettin und meine Pelican-Apotheke läuft hervorragend“, ging Friedrich Wilhelm auf den Vorschlag seines Bruders ein, „wenn dir bei ihm die Decke auf den Kopf fällt, kommst du einfach zu mir.“

„Und wenn dir nach reisen ist, fährst du zu uns nach Pasewalk“, schlug Caroline Louise in dieselbe Kerbe. „Deine Familie ist immer dein Rückzugsort, wenn du sie brauchst.“

„Ich bin euch so dankbar und nehme euch beim Wort“, sagte Emilie mit feuchten Augen. „Wenigstens für einige Zeit möchte ich gerne nach Stettin zurückkehren. Dort lässt sich auch komponieren und konzertieren.“

5. Wieder Stettin

Emilie zog also wieder zurück nach Stettin ins Haus ihres Bruders in der Reifschlägerstraße 6. Zur Schwester in Pasewalk, zu deren Kindern sie eine sehr enge Bindung hatte und zum dritten Bruder in Halle reiste sie immer wieder und hat sich dort wohlgefühlt und ist gerne aufgenommen worden. In Stettin fand sie Ruhe und nahm sich Zeit für ihre Kompositionen. Allerdings konzentrierte sie sich auf den Bereich der Kammermusik. Acht Sinfonien waren entstanden in zehn Jahren. Die Großform ging Emilie zunächst aber nicht mehr an. Dafür entstanden eine Reihe von Violinsonaten, Terzetten und Quartetten und einige Salonstücke für das Klavier.

Emilie hatte auch Zeit, sich um die Drucklegung einiger ihrer Werke zu kümmern. Der Verlag Bote & Bock, mit dem sie meistens zusammen arbeitete, musste immer wieder gedrängt werden, um die Veröffentlichung der Noten nicht zu verzögern. Und Emilie schrieb etliche Briefe, in denen sie hartnäckig auf die Einhaltung versprochener Termine drängte.

Immer wieder besuchte Emilie die Familien ihrer Geschwister. Besonders bei den Nichten und Neffen war die „Tante Emmi" sehr beliebt. Sie ging mit den Nichten spazieren, spielte mit den Neffen Karten und spielte natürlich immer wunderbar Klavier. Gerne stellte sie neue Kompositionen zuerst in ihrer Familie vor, bevor sie sie Loewe zeigte oder ihrem Verlag anbot.

Zu ihrem Lehrer und Freund Carl Loewe hielt Emilie engen Kontakt. Er organisierte immer wieder Konzerte mit ihren Kompositionen. Dann erlitt er im Februar 1864 einen Schlaganfall. Die Erholungsphase dauerte weit über ein Jahr und Loewe konnte in dieser Zeit seine Dienstpflichten in Stettin nicht wahrnehmen. Emilie war sehr häufig an seinem Krankenlager und berichtete ihm über die Ereignisse in der Stadt, las ihm vor oder spielte ihm neue Kompositionen für das Klavier vor.

Auch als er sich einigermaßen erholt hatte, konnte er seine Aufgaben nur noch teilweise erfüllen, so dass der Magistrat der Stadt mit ihm übereinkam, dass er Anfang 1866 unter Beibehaltung seines Gehaltes in die Pension ging.

„Ach, Emilie, es tut mir ja so leid“, begann er das Gespräch, als Emilie ihn etwas später in seinem Haus besuchte. Er saß sehr eingesunken in einem großen, mit grünem Samt bezogenen Ohrensessel, die Hände auf dem Schoß, die Füße auf einer kleinen hölzernen Fußbank. „Ich komme einfach nicht mehr allein zurecht. Sie glauben gar nicht, wie schwer mir das fällt. Immer war ich selbstständig und aktiv. Und nun sitze ich hier herum und vermag nichts mehr. Ich bin gezwungen mich aus meinem geliebten Stettin und auch von Ihnen zu verabschieden. Meine Tochter Julie hat sich bereitgefunden, mich aufzunehmen und zu betüdeln. Und die lebt mit ihrer Familie, wie Sie ja wissen, in Kiel. Schon bald soll es losgehen.“

Emilie hatte ruhig zugehört, obwohl sie natürlich sehr bewegt war von der Nachricht, sich von ihrem alten Freund und Lehrer trennen zu müssen. Aber es war ihr schon lange klar, dass eine Regelung gefunden werden musste, um den alten, kranken Mann zu versorgen. Deswegen war sie auch beruhigt, dass das nun geschehen war.

„Ich werde Sie unheimlich vermissen, Carl“, antwortete sie nun, „aber ich freue mich, dass Julie Sie aufnehmen wird. Bei ihr sind Sie gut aufgehoben. Wer wird denn Ihre Nachfolge nun endgültig übernehmen?“

„Na, Carl Adolf Lorenz wird's wohl weitermachen“, bestätigte Loewe, was Emilie schon geahnt hatte. „Erstens haben Sie damit weiterhin einen Carl als Musikdirektor und außerdem habe ich ihn ja gut dafür ausgebildet, nicht? Und die Orlin und der Kossmaly, noch ein Carl“, Loewe lachte auf, „wollen einen Stettiner Musikverein gründen, der dann Konzerte veranstaltet. An die müssen Sie sich jetzt halten, Emilie, nicht wahr?“

„Das will ich wohl tun“, meinte Emilie, „ich kenne beide ja gut und in dem Verein will ich natürlich gleich Gründungsmitglied werden.“

„So ist es recht. Die werden der berühmten Tochter Stettins schon ordentlich huldigen", sagte Loewe.

„Ich werde auf jeden Fall zum Bahnhof kommen und Abschied nehmen. Sagen Sie mir Bescheid, wenn es soweit ist", bat Emilie.

Drei Jahre später, im April 1869 starb Carl Loewe nach einem erneuten Schlaganfall in Kiel. Emilie war tief betroffen durch den Tod ihres engen Freundes und letztlich Begründer ihres Erfolges als Komponistin. Am 14. Juni fand eine Zeremonie in Stettin statt, die Loewe testamentarisch verfügt hatte. Sein Herz wurde in einer goldenen Kapsel in einer Nische der Orgel in der St. Jacobikirche beigesetzt im Rahmen enger Freunde und natürlich war Emilie bei dieser Feier dabei.

Noch sieben Jahre blieb Emilie in Stettin, komponierte, kümmerte sich um den Druck ihrer Werke, hielt sich in der bürgerlichen und adeligen Gesellschaft Stettins auf, hielt aber auch ihre Kontakte nach Berlin. Sie war anerkannt, erhielt gute Kritiken und Erwähnungen in einschlägigen Musikkatalogen und Lexika. Sie besuchte ihre Verwandtschaft und erfreute sich großer Beliebtheit bei den Neffen und Nichten. Die Tante Emilie war ein Vorbild dafür, wie sich eine Frau auch in eine Männerdomäne durchsetzen und erfolgreich sein konnte.

Die ruhigen Jahre in Stettin hatten Emilie gut getan. Sie war problemlos wieder in die Stettiner Gesellschaft eingetaucht und dort auch bekannt und anerkannt. Sie hatte es genossen im Schoß ihrer Familie zu leben, wenn sie schon bewusst und ohne es je zu bereuen keine eigene gegründet hatte. Sie hatte ungestört arbeiten können und zahlreiche Kompositionen abgeschlossen. Und dennoch begann eine Zeit, in der sie sich unausgelastet fühlte. Sie hatte so viel Energie und immer wieder sehnte sie sich nach der großen Stadt zurück.

Berlin erlebte in diesen Jahren einen fulminanten Aufstieg. Sie war nach dem Sieg im Deutsch-Französischen Krieg 1871als preußische Hauptstadt ein Magnet für viele Menschen, die Arbeit in der sich entwickelnden Industrie suchten und natürlich für die, die dahinein investierten. Neue, prächtige Gebäude entstanden neben

Mietshäusern mit mehreren Hinterhöfen. Emilie hatte das bei zahlreichen Besuchen in Berlin beobachtet und verfolgt.

1876, Emilie war inzwischen 64, ließ sie sich dann doch noch einmal auf den Versuch ein, wieder in der Hauptstadt Furore zu machen und zog erneut um nach Berlin.

6. Letzte Jahre in Berlin

Ihre letzte Wohnung lag in der Königsgasse Nr. 20 in der Nähe der Dreifaltigkeits-Kirche. Besonders schön und sicher ein Argument, das sie zu diesem Umzug nach Berlin ermutigte, war, dass ihre Nichte Emma, Tochter von Alexander Friedrich, ebenfalls in Berlin lebte. Ihr Mann, Franz Gerkrath, war Generaldirektor der Lebensversicherung „Nordstern" geworden, die ihren Hauptsitz in der Hauptstadt hatte. Zu Emma hatte Emilie ein besonders enges Verhältnis und diese liebte auch ihre Tante Emmi sehr. Und diese Nähe zu einem Familienmitglied gab der immerhin schon Vierundsechzigjährigen die Sicherheit, die sie zu einem nochmaligen Neuanfang in Berlin benötigte.

Emilie hatte ihre Kontakte in Berlin nie abreißen lassen und ihre Beziehungen gepflegt und so fiel es ihr nicht schwer, schnell wieder in die Kulturszene einzutauchen. Sie hielt engen Kontakt zum Geiger Joseph Joachim, der die Königliche Hochschule für Musik gegründet und zu großem Erfolg geführt hatte. Auch mit dem Pianisten Theodor Kullack war sie eng verbunden. Er hatte die Neue Akademie für Tonkunst geründet und widmete sich mit ihr besonders der musikalischen Bildung für junge Menschen. Emilie schrieb für ihn ihre *Sechs Klavierstücke für die Kinderwelt*, um ihn in seiner Arbeit zu unterstützen.

Die Gründung einer Vielzahl neuer Chöre, Orchester und Musikvereine in der Nahezu-Millionenstadt gab Emilie entsprechend viele Möglichkeiten, ihre Werke aufführen zu lassen. Außerdem mühte sie sich weiterhin um die Drucklegung einiger ihrer Kompositionen, manchmal im zähen Ringen mit den Verlagen und immer auch eine kostspielige Investition, die sie zu unterstützen versuchte durch die Aufforderung an Musikzeitungen, darüber zu schreiben.

Doch Emilie erhielt auch Unterstützung in ihrem ständigen Kampf, sich in einer musikalischen Männerwelt durchzusetzen. Schon bald nach ihrer erneuten Ankunft in Berlin meldete sich die bekannte Opernsängerin Elisabeth Sangalli-Marr bei ihr an. Emilie empfing die Diva, die sie natürlich schon auf der Berliner Bühne bewundert hatte, wenn sie nicht gerade in Wien oder Paris gastierte, in ihrem Salon. Die Sängerin wirkte in ihrer aufwendigen farbenfrohen Garderobe neben der wie üblich in schlichtem Schwarzweiß gekleideten Emilie wie ein exotischer Vogel. Aber schnell bemerkte Emilie, dass die äußere Erscheinung nicht der vornehmen und zurückhaltenden Art der sechzehn Jahre jüngeren Frau entsprach. Im Gegenteil, schnell merkten beide Frauen, dass sie auf einer gemeinsamen Wellenlänge lagen im Kampf gegen die übermächtige Männerwelt.

„Fräulein Emilie, je länger ich hier mit Ihnen sitze und den Kaffee genieße, umso mehr gefallen Sie mir", gab Elisabeth zu. „Ich wusste nicht recht, wie ich Sie mir vorstellen sollte. Ich habe schon viel über Sie gelesen und natürlich immer wieder Ihrer Musik gelauscht in wunderbaren Konzerten, aber ein Bild von der Frau dahinter hatte ich bisher nicht. Und nun, da ich mir die Frechheit herausgenommen habe, einfach herzukommen und Sie endlich vor mir sehe, bin ich positiv überrascht und glücklich."

„Liebe Frau Marr", antwortete Emilie überrascht, „Sie schmeicheln mir. Aber ich gebe zu, dass solche Worte einem gut tun, wenn man in Zeitungsrezensionen immer wieder auf entwertende männliche Kommentare zurückgeworfen wird. Ich habe Sie hingegen auch schon öfter auf der Bühne bewundern dürfen und bin nur erfreut darüber, dass wir hier gemeinsam in meinem Salon sitzen und plaudern können."

„Aber Fräulein Emilie", begann Elisabeth nun, „ich bin natürlich nicht nur zum Plaudern da. Ich habe vielmehr ein Anliegen und möchte dies mit Ihnen besprechen."

„So?“, entgegnete Emilie überrascht, „um was handelt es sich denn.“

„Ich hatte ja schon erwähnt, dass ich mich schon etwas länger mit Ihnen, Ihrem Leben und Ihrem Werk auseinandergesetzt habe. Und ich habe das, was ich erfahren habe, sogar schon in eine schriftliche Form gebracht. Ich möchte meinen Artikel in der *Neuen Berliner Musikzeitung* veröffentlichen. Ich finde es wirklich an der Zeit, dass eine Leistung wie die Ihre einmal an gebührender Stelle gewürdigt wird. Was halten Sie davon?“

Emilie war wirklich überrascht. Sie hatte sich schon gewundert, dass sich die Opernsängerin bei ihr angemeldet hatte, aber eher an einen Kompositionswunsch gedacht als an einen biographischen Artikel.

„Ich bin ein wenig gerührt“, gab sie deshalb zu, „und ich freue mich natürlich. Man kann ein solches Vorhaben ja kaum selbst unternehmen und auch jemanden zu fragen, ob er so etwas anfertigen könnte, erschiene mir doch zu eitel. Aber wenn Sie von sich aus etwas über mich schreiben möchten, stimme ich dem natürlich gerne zu.“

„Ach, wie schön“, freute sich Elisabeth und klatschte gar in die Hände. „Ich habe mein Geschreibsel sogar bei mir und möchte es Ihnen geben, damit Sie ein wenig Korrektur lesen. Und dann haben wir auch einen Anlass, uns wiederzusehen.“

Elisabeth zog ein Bündel in einer kleinen, schönen Handschrift dicht beschriebener Blätter aus ihrer großen, mit Perlen bestickten Handtasche hervor und gab sie Emilie, die sie fast ehrfürchtig entgegennahm.

„Dann wollen wir mal sehen, wie die Welt, insbesondere die Männerwelt einen Artikel über eine weibliche Komponistin aufnehmen wird. Ich lese es mir durch und wir werden noch einmal gemeinsam darüber sitzen und dann ab zur Zeitung damit. Wir Frauen wollen Furore machen.“ Emilie war ganz aufgeregt.

Einige Wochen später erschien in der *Neuen Berliner Musikzeitung* tatsächlich der Aufsatz „Emilie Mayer. Eine biographische Skizze“ und erregte einiges Aufsehen in der Kulturgesellschaft der Hauptstadt. Bei der Platzierung ihrer Kompositionen in zahlreichen Konzerten hat er bestimmt eine fördernde Rolle gespielt.

Emilie hörte nie auf, immer neue Kompositionen zu produzieren. Meist handelte es sich um Kammermusik, Sonaten, Trios, Quartette.

Aber 1880 wagte sie sich noch einmal an eine umfangreichere Komposition heran, eine Orchesterouvertüre zum Faust-Thema. Sie wurde auch schon im Oktober im Verlag Paul Witte in Stettin gedruckt und dort, in Emilies zweiter Heimat, uraufgeführt. Aber auch in Berlin erfolgte schnell Anfang 1881 eine erste Aufführung, der noch viele weitere folgen sollten. Die Faust-Ouvertüre wurde zum großen Erfolg der nun bald siebzigjährigen Komponistin. Der Stettiner Musikdirektor Carl Kossmaly rezensierte die Ouvertüre in der *Neuen Berliner Musikzeitung* ausführlich, nicht ohne es sich nicht nehmen zu lassen, auf die hervorragenden und gleichwertig mit den Werken männlicher Vertreter anzusehenden Qualitäten der weiblichen Komponistin hinzuweisen.

Die Ouvertüre zählte bald zu den am meisten aufgeführten Werken Emilie Mayers. Auch in Halle, der Heimatstadt ihres Bruders Carl Friedrich, kam es zu einer Aufführung, aber auch in Prag und Wien.

Die beiden letzten Kompositionen Emilie Mayers sind die Sonate für Cello und Klavier, op. 47, und das Notturno für Violine und Klavier. Beide wurden gedruckt, die Cello-Sonate bei Bote & Bock und das Notturno bei Carl Simon in Berlin. Diese letzte Komposition widmete Emilie ihrem Freund, dem berühmten Geiger Joseph Joachim.

Am 17. März 1883 besuchte Emilie zusammen mit ihrer Nichte Emma und deren Mann eine Aufführung ihres 118. Psalms für Chor, Solisten und Orchester, die der Organist Lehmann zusammen mit dem Chorleiter Kabisch einstudiert hatte.

„Danket dem Herr, denn er ist freundlich und seine Güte währet ewiglich", sang der Chor begleitet von einem gut vorbereiteten Orchester. Emilie zog ihren Wintermantel eng um sich, denn es war noch einmal recht kalt geworden und die Kirche wurde lediglich durch die Körperwärme der zahlreichen Konzertbesucher erwärmt. Sie kuschelte sich an ihre Nichte und spürte plötzlich, dass sich Tränen in ihren Augen bildeten.

„Der Stein, den die Bauleute verworfen haben, ist zum Eckstein geworden. Das ist vom Herrn geschehen und ist ein Wunder vor unsern Augen", intonierte der Chor jetzt.

Emilie kamen unmittelbar die Gedanken daran, dass sie über vier Jahrzehnte dagegen gekämpft hatte, nicht verworfen zu werden und wie wunderbar ihr das immer wieder gelungen war, allerdings unter Aufwendung aller Kräfte und unter Verzicht auf ein für eine Frau von den Männern für angemessen gehaltenes Leben.

Als der Schlussakkord verklungen war, erhob sich lauter und anhaltender Applaus. Herr Lehmann kam, nachdem er den Solisten, dem Chor und dem Orchester den ihnen gebührenden Anteil am Beifall überlassen hatte, zu Emilie, die in der ersten Reihe der Johannis-Kirche saß, und nahm sie mit zu seinem Dirigentenpult. Dort verbeugte sie sich vor dem Publikum, das sich von den Plätzen erhoben hatte, und der Applaus brandete noch einmal heftig auf.

Am Sonntag, dem 1. April konnte Emilie auch noch eine Aufführung ihrer letzten Violoncello-Sonate miterleben in einem Matinee-Konzert. Das Wetter war inzwischen nicht besser geworden. Kalter Regen, der von Windböen gepeitscht wurde, begleitete sie auf ihrem Heimweg. Auch die heiße Schokolade, die sie sich zuhause zubereitete, konnte sie nicht recht wieder erwärmen. Sie ging schon früh zu Bett, aber am nächsten Morgen ging es Emilie noch nicht wieder gut. Erkältungssymptome stellten sich ein, aber Emilie versuchte sie zunächst zu ignorieren und ihnen mit heißem Tee und kalten Wadenwickeln zu begegnen. Doch die Erkältung wurde schlimmer und der Arzt, den Emma schließlich zu Rate zog, befürchtete, dass sich daraus eine Lungenentzündung entwickelt hatte.

Emma zog zu Emilie und pflegte die von Fieber und Atemnot Geplagte aufopfernd. Doch am Mittwoch, dem 10. April 1883, starb Emilie Mayer, die zuvor nie ernsthaft erkrankt gewesen war, in ihrer Wohnung.

In der Berliner Musikszene gab es große Betroffenheit, als die Nachricht vom Tod Emilie Mayers bekannt wurde. Viele Musikzeitungen schrieben ausführliche Nachrufe, nicht zuletzt die *Neue Berliner Musikzeitung* des Verlags Bote & Bock, mit dem Emilie drei

Jahrzehnte eng verbunden war. Es wurde auf ihre Entwicklung eingegangen, auf die Unterstützung durch die wohlbekannten Lehrer und Freunde, auf ihre Werke, insbesondere die Sinfonien, aber auch auf die unvergesslichen Hausmusiken in Emilies Salon.

Schon am Sonnabend, dem 13. April, fand die Beerdigung statt. Die Brüder hatten eine Grabstelle auf der „Wahlstelle“ des Dreifaltigkeitsfriedhofes erworben, ein Grab, das sich nur wohlhabende Berliner leisten konnten. Emilie Mayer, wohl die wichtigste deutsche Komponistin des 19. Jahrhunderts, fand ihre letzte Ruhestätte nicht weit von ihren geliebten Vorbildern Fanny Hensel und Felix Mendelssohn-Bartholdy.

7. Vergessen und erinnern

Die zunächst große Aufmerksamkeit in der Berliner Musikszene führte leider nicht zu einer bleibenden Bekanntheit ihrer Werke im Konzertwesen. Schon bald erschienen ihre Werke nicht mehr in den Konzertprogrammen der Stadt und gedruckte Werke wurden von den Verlagen nicht neu aufgelegt. Sehr schnell geriet Emilie Mayer in Vergessenheit.

Ihre Nichten Emma und Johanna, Töchter von Alexander, bemühten sich darum, die Werke ihrer berühmten Tante zu sammeln und zu ordnen. Neben den leider nicht sehr vielen gedruckten Kompositionen fanden sich viele in der wunderbaren Handschrift Emilies geschriebene Partituren, die zu Aufführungszwecken entstanden und dann meist liebevoll zwischen Buchdeckeln zusammengefasst waren. Emmas Töchter Hedwig und Elisabeth Gerkrath, die übrigens beide unverheiratet blieben wie ihre Großtante, erbten den Notenschatz und vermachten ihn schließlich 1918 für 120 Mark an die Preußische Staatsbibliothek. Die Staatsbibliothek fügte der Sammlung weitere gedruckte Werke und Noten aus Privatbesitz hinzu. Einige gingen in den Kriegswirren des 1.

Weltkrieges verloren. So ist leider vom umfangreichen Vokalwerk für Chöre und Stimmen nicht mehr viel vorhanden. Lediglich ihr frühes Singspiel „Die Fischerin“ und einige Lieder hauptsächlich für Männerchöre sind bekannt, sowie zwei Vertonungen des Erlkönigs von Goethe. Leider ist auch der 118. Psalm verschollen.

Emilie Mayer wurde lediglich in einigen Fachschriften und Musiklexika um die Jahrhundertwende noch wieder erwähnt. Erst 1921 erhielt sie noch wieder etwas Aufmerksamkeit, als Marie Silling, eine Bekannte Emilies, ihre „Erinnerungen einer Stettiner Kaufmannstochter“ veröffentlichte und darin an die berühmte Komponistin erinnerte, die sie in deren Stettiner Jahren gekannt hatte. Als Marie Silling zwei Jahre später noch einmal über Emilie Mayer einen Artikel im Magazin „*Unser Pommerland*“ schrieb wurde der bezeichnenderweise schon mit „Emilie Mayer - eine vergessene Künstlerin“ betitelt.

Erst nach dem 2. Weltkrieg wurde Emilie hin und wieder in musikwissenschaftlichen Publikationen erwähnt, so in einer Doktorarbeit von William Newman über „Die Sonate seit Beethoven“ 1969 oder einer weiteren Doktorarbeit von Werner-Joachim Düring über „Erlkönig-Vertonungen“ 1972. Erst in den 80er Jahren kam ein Interesse am Thema „Frau und Musik“ auf. 1987 erschien in der Sammlung „Komponistinnen in Berlin“ ein Aufsatz von Martina Sichardt unter dem Titel „Emilie Mayer (1812 - 1883). Auf den Spuren einer vergessenen Komponistin“ und wurde zur Grundlage aller folgenden Beiträge über Emilie Mayer. Auch die Aufnahme Emilie Mayers in das „*New Grove Dictionary of Music and Musicians*“ im Jahr 2001 war ein wichtiger Schritt Emilie Mayer und ihre Werke wieder in Erinnerung zu bringen.

2003 wurde dann in den Europäischen Hochschulschriften die Arbeit „*Die Komponistin Emilie Mayer - Studien zu Leben und Werk*“ von Almut Runge-Woll herausgegeben, die Grundlage für diesen populären Versuch war, an die wichtige Komponistin zu erinnern.

Inzwischen haben sich auch einige Künstler und Orchester wieder daran gewagt, die Werke von Emilie Mayer neu erklingen zu lassen, so die Neubrandenburger Philharmonie, deren Dirigent Stefan Malzef zum Beispiel eine Orchesterfassung der nur noch in Noten für vierhändiges Klavier vorhandenen 4. Sinfonie in h-Moll adäquat rekonstruiert und eingespielt hat, dazu das Klavierkonzert und kammermusikalische Werke, aufgenommen zwischen 2012 und 2018. Der Kultursender des Norddeutschen Rundfunks hat sich sehr darum bemüht, immer wieder Emilie Mayers Musik einer breiten Hörerschaft vorzustellen. Und es ist zu hoffen, dass es gelingt diese wichtige Musikerin wieder in Erinnerung zu bringen.

Edition Noëma
Melchiorstr. 15
D-70439 Stuttgart

info@edition-noema.de

www.edition-noema.de
www.autorenbetreuung.de